# 다중
# 격차 II

# 다중격차 II

## 역사와 구조

황규성 · 강병익 엮음

페이퍼로드
paperroad

# 다중격차 II, 역사와 구조

초판 1쇄 발행  2017년 6월 30일

엮 은 이  황규성·강병익

펴 낸 이  최용범
펴 낸 곳  페이퍼로드
편    집  김종오
마 케 팅  손기주
관    리  강은선

출판등록  제10-2427호(2002년 8월 7일)
주    소  서울시 마포구 연남로3길 72(연남동 563-10번지 2층)
전    화  (02)326-0328, 6387-2341
팩    스  (02)335-0334
이 메 일  book@paperroad.net
홈페이지  www.paperroad.net
블 로 그  blog.naver.com/paperroad
페이스북  www.facebook.com/paperroadbook

ISBN      979-11-86256-83-1 (03330)

· 이 저서는 2014년도 정부(교육부)의 재원으로 한국연구재단의 지원을 받아 수행된 연구임
  (NRF-2014S13A2044833).

제1장 한국의 불평등과 다중격차
_황규성·강병익

# 책을 펴내며

국정을 사유화하고 농단했던 대통령이 탄핵되고 법정에 선 올해, 2017년은 민주화 30년이자, 외환위기 20년을 맞는 해이다. 이 역사적 사건의 힘은 바로 전국을 광장삼아 촛불을 밝혔던 시민들에게 있었다. 시민들은 국정농단의 책임이 대통령 개인에게만 있다고 생각하지 않았다. 그를 비호했던 보수정치세력과 사유화된 권력과 이익을 공유했던 재벌의 행태 역시 '공범'이자 '적폐청산'의 대상이었다. 가족과 직장동료, 친구들과 함께 삼삼오오 모인 학생 등 조직되지 않은 조직으로 광장에 모인 시민들이 각자 손에 든 촛불은 횃불이 되었고, 그 촛불의 함성은 날마다 그 파동을 넓혀 정권교체로까지 이어졌다. 이러한 정치적 과정과 그 결과는 민주화 30년, 외환위기 20년의 '피날레'라 부를 만 것이었다.

광장은 모두에게 열린 공간이었고, 자유롭게 자신의 얘기를 촛불에 담아 전달할 수 있었다. '태블릿PC'와 함께 대통령 탄핵의 도화선이 되었던 대학입시 부정과 특권층의 방종에 가까운 행태에 대한 분노가 학생들과 부모들의 입에서 터져 나왔다. 훨씬 오래전부터 광장을 지켜왔던 세월호 유가족들도 촛불의 주인공들이었다. 저임금과

언제나 해고위협에 시달리는 비정규직 노동자들은 광장도 모자라 하늘 가까운 곳에서 차별에 대한 그들의 분노를 풀어놓았다.

이러한 의미에서 광장을 진원지 삼아 전국에 울려 퍼진 "이게 나라냐"와 "적폐청산"의 외침은 민주화 30년과 외환위기 20년으로 시야를 넓혀 그 동안 한국사회에 똬리를 튼 불공정과 불평등에 대한 불만의 조직화로 보는 것이 타당하다는 생각이다. 2017년의 광장의 촛불은 지난 30년의 피날레이자 새로운 한국사회를 위한 출발점이기도 한 것이다.

87년 민주화를 통해 우리는 오랜 독재체제의 종결과 함께 정기적인 선거를 대표자 선출의 유일한 게임규칙으로 하는 정치적 민주주의의 틀을 갖추는 데는 성공했다. 하지만 민주주의는 정치제도의 규칙뿐만 아니라 시민의 경제적 삶을 포함하는 내포와 외연을 가지고 있다. 그래서 민주주의를 굳건하게 만드는 정치과정은 매우 복잡할 뿐만 아니라, 사회를 구성하는 다양한 정치, 경제, 사회제도 간의 상호작용과 안정화를 그 필요충분조건으로 한다. 정치적 민주주의는 완성되었으니 이제 사회경제적 민주주의가 문제라는 주장에 선뜻 동의할 수 없는 이유도 여기에 있다. 정치적 민주주의든 사회경제적 민주주의든 불평등이 만연한 사회의 민주주의는 취약하고 불안정할 수밖에 없기 때문이다. 불평등은 항상 민주주의를 잠식하고 위협한다.

우리 SSK(Social Science Korea) 다중격차 연구단은 작년 이맘 때 쯤 『다중격차, 한국사회의 불평등 구조』와 『한국의 불평등 2016』을 통해 다중격차라는 개념으로 한국사회의 불평등 구조를 진단한 바 있다. 소득, 자산, 교육, 세대, 지역, 빈곤, 건강에 이르기까지 자본주의 사회

10

의 불평등 영역은 원래 다차원적이다. 그런데 1997년 이후 이러한 다차원적 불평등 영역이 소득과 자산을 중심으로 응집되고 하나의 단단한 구조로 고착화되어가고 있는 현상을 발견하고 우리는 이를 '다중격차'로 개념화했다. 이 다중격차 구조속에서 이전의 사회적 이동을 가능하게 했던 교육 역시 그 기능을 상실하고, 오히려 격차확대의 유력한 수단이 되고 있음을 지표와 분석을 통해 확인했다.

이 두 권의 책이 출판되고 나서 몇몇 언론을 통해 소개된 내용이 여론의 과분한 관심을 받기도 한 반면, 내용의 한계를 지적하는 비평도 있었다. 연구단은 이러한 관심과 비평에 맞춰 좀 더 진전된 결과물을 내놓고자 다중격차의 두 번째 기획에 바로 들어갔다. 먼저 다중격차 개념을 좀 더 정교화하고 지금의 다중격차가 형성되는 토대가 되었던 1997년 이전의 불평등 역사로 거슬러 올라가보기로 했다. 한국경제의 불평등구조에 대한 추이와 구조적 특성에 대해서도 좀 더 심층적인 연구가 필요함을 공감했고, 다중격차 사회에서 노동의 문제도 다시 들어야 봐야 할 필요성에 대해서도 공감했다. 또한 불평등문제를 해결하기 위해서 국가역할과 책임에 대한 분석이 반드시 고려되어야 한다는 점에서도 의견을 같이했다. 그리고 이전 작업과 마찬가지로 모든 연구자들이 모두 머리를 맞대고 집필과 토론을 이어나갔다.

여전히 많은 한계의 존재로 부끄럽기도 하지만, 연구단의 불평등 연구가 이것으로 종지부를 찍는 것은 아니기에 독자 여러분의 질정과 비판을 기대하는 마음을 담아 세상에 내놓기로 했다.

이 책이 나오기까지 집필자들 외에 여러분의 수고가 있었다. 데이터 작업을 전담해 준 오선영 연구원과 원고교정에 작업한 전은지, 정준화 연구원에게 고마움을 전한다. 이전 단행본에 이어 후속작의 출간제의를 받아준 최용범 대표와 편집에 힘써 준 페이퍼로드 식구들에게도 감사드린다. 모든 이들의 노력에도 불구하고 책에서 발견될 수 있는 오류와 한계는 온전히 엮은이들의 책임에는 두말할 나위가 없다.

2017년 6월

필자들을 대신해서 황규성·강병익

# 1장
## 한국의 불평등과 다중격차

## 1. 다중격차: 한국 불평등의 새로운 특징

우리 사회에서 불평등은 날로 심각해지고 있다. 대기업과 중소기업, 부자와 가난한 자, 취업자와 실업자, 정규직과 비정규직, 남성과 여성, 주택소유자와 무주택자 등 여러 잣대를 여기저기 옮겨 재어 보아도 대다수는 한국 사회가 불평등하다는 진단에 고개를 끄덕일 것이다. "흙수저-금수저"는 새로운 계급론으로 불평등한 한국을 바라보는 날카로운 통찰과 비관이 묻어난다면 "헬조선"은 새롭게 구성된 한국사회성격론으로서, 97년 경제위기 이후 누적된 청년세대의 실망이 잉태한 좌절과 분노가 서려 있다.

그런데 삶으로 체감하는 현실과는 달리 불평등의 대명사인 소득분포 지표는 그리 나쁘지 않다. 도시 2인 이상 가구의 처분가능 소득 기준으로 지니계수는 1990년에 0.256이었는데, 2016년에는 0.279로 소폭 상승했을 뿐이다. 전체 가구 기준으로 보더라도 2008년과 2009년에 0.314로 최고치를 기록했을 뿐이고 2015년에는 다시 0.295로 낮아졌고 2016년에는 0.304로 다시 증가하는 추세다. OECD 평균치와 견주어 보아도 양호한 수준이다(2014년 OECD 처분가능 지니계수 평균은 0.317, OECD 2016). 대단히 불평등한 사회인 줄 알았는데, 수치를 보면 그렇지 않다.

그렇다면 객관적인 불평등 수준은 양호한데 한국 사람들은 왜 점점 불평등한 사회에 살고 있다고 느끼는 걸까? 불평등의 현실과 인식에 괴리가 발생하는 이유를 상위 1%가 제외된다는 통계작성의 결함이나 한국인의 강한 평등 지향성에서 찾기에는 궁색하다. 혹시 온갖 사회적 불만의 원인을 불평등에 '독박' 씌우는 것은 아닐까라는 의심도 겸연쩍다. 불평등의 현실과 인식에 괴리가 발생하는 숨은 이유는 따로 있다.

최근 들어 한국의 불평등에 나타난 불평등의 구조변화 중에서 가장 두드러진 현상은 소득, 자산, 교육, 주거, 문화, 건강 등 불평등의 여러 차원이 서로서로 엉겨 붙어 체계적으로 중첩되고 있다는 것이다. '가정의 소득과 자산 → (사)교육 → 상급학교 진학 → 취업 → 소득과 자산'이라는 순환구조가 마치 변신로봇처럼 하나의 완성체를 이룬다. 특정 영역의 불평등에만 눈길이 꽂히면 불평등의 온전한 형태는 파악되지 않는다. 지니계수라는 가면 뒤에는 어마어마한 불평등 공장이 가동되고 있다. 이것이 불평등이라는 낡아빠진 사회과학적 연구주제를 새 공책에 다시 쓰려는 이유다.

해외에서는 이미 1970~80년대에 불평등의 다차원성에 관한 연구

필요성이 제기된 바 있다(Atkinson 1970; Atkins & Bourguignon 1982; Kolm 1977; Sen 1980). 한국에서도 최근 들어 불평등의 다차원성이 주목받고 있다. 신광영(2013, 29-31)은 개별 분과학문의 전통에서 이루어진 불평등 연구는 특정한 차원만을 강조했다는 한계를 지적하면서 융합적인 연구의 필요성을 제기했다. 불평등의 각 영역을 따로따로 떼어보는 것으로는 충분하지 않다는 것이다.

우리는 한국사회에서 나타나고 있는 '다차원적 불평등의 체계적 중첩'을 '다중격차'라는 개념으로 포착하고자 했다. 다중격차란 다양한 불평등 영역이 지속적인 상호작용을 통해 서로가 서로를 강화시켜 개별 불평등의 작동방식과는 독립적인 내적 작동방식을 갖춘 불평등의 특수한 형태다. 이런 개념규정은 다음과 같은 요소를 갖는다. 첫째, 다중격차는 다양한 불평등의 범주들로 이루어진다. 소득·자산·주거·교육·문화·건강 등과 같이 불평등의 여러 영역들이 다중격차를 구성하는 부분요소들이다. 둘째, 다중격차는 다양한 불평등 범주들 사이의 지속적인 상호작용을 전제한다. 다중격차는 단일 범주에서의 불평등이나 이 범주들이 단지 병렬적으로 함께 존재하는 것을 넘어 범주들 사이의 상호작용이 지속적으로 이루어질 때 성립한다. 불평등 범주들 사이의 만남이 일회성 조우에 그친다면 다중격차가 아니다. 셋째, 범주들의 상호작용을 통해 다중격차는 자체적으로 하나의 독자적인 형태를 갖춘다. 따라서 다중격차는 각 범주들을 모태로 삼지만 각 범주들과는 독립적인 자체 구조를 갖추게 된다.

다중격차의 특징은 다섯 가지로 요약된다. 첫째, 다중격차는 불평등 범주의 상호작용에서 도출된다. 둘째, 다중격차는 다양한 불평등 범주와는 구별되는 고유한 문법을 가진다. 다중격차는 소득, 자산, 주거, 교육 등 각 범주가 가진 문법과는 구별되는 고유한 작동방식을 가진다. 셋째, 다중격차는 구조화되는 경향이 있다. 다차원적으로 병존하는 불평등은 이익구조의 변경, 기회구조의 재편, 수확체증의 실현을 거쳐 견고하게 굳어지는 경향이 있다. 넷째, 다중격차는 재생산된다. 마지막으로, 다중격차는 환원불가능성을 낳는다. 환원불가능성이란 다중격차가 가지는 고유한 문법으로 인해 다중격차를 낳은 각 범주들의 문법이나 각 문법의 합계로 환원되지 않는 복잡한 구조가 있다는 것을 뜻한다. 환원불가능성은 다중격차가 발생하기 이전으로 되돌릴 수 없다는 의미가 아니라 되돌리는 과정에서 또 다른 복잡한 문제를 야기하기 때문에 시계태엽 되돌리듯 기계적으로 단순한 해법을 찾기 어렵다는 뜻이다(전병유·신진욱 엮음 2016; 황규성 2016).

우리는 다중격차라는 개념과 지수를 통해 한국의 불평등을 침상에 올려놓고 협진체계를 가동해 보았다. 폐, 심장, 신장, 소장, 대장에도 이상기류가 감지되었지만, 몸 전체를 흐르는 혈관과 혈류에 이상이 생겨나고 있음을 직감했다. 한국사회는 동맥경화 초기에 들어섰다는 소견서를 내놓기에 부족하지 않았다. 그러나 다중격차라는 도구를 가지고 한국의 불평등에 동맹경화라는 소견서를 발급하는 것은 출발에 불과하다. 다중격차라는 개념이나 지수 개발 등은 다차원적 불평등에 관한 연구에 겨우 한걸음을 떼었을 뿐, 아직까지 안개 속에 파묻혀 있는 다중격차에 대한 의문점은 한 두 가지가 아니다. 우리는 소견서를 다시 들여다보면서 다중격차의 실체 규명과 개념화, 다중격차의 동인, 다중격차의 영향, 다중격차에 대한 대응방안 등 크게 네 가지 의문을 품고 정밀진단에 들어가려고 한다.

## 2. 다중격차의 성격

이론과 실재, 구체와 추상, 실체와 개념은 엄격하게 분리되지 않는다. 실체는 개념화의 토대이며, 개념은 복잡한 실체를 단순하고 명쾌하게 파악하기 위한 도구일 뿐이다. 따라서 다중격차를 파악하는데 선결되어야 할 과제는 그 실체를 밝히는 것이다. 다중격차의 실체를 드러내는 데 가장 효과적인 방법은 알기 쉽게 숫자로 표현하는것이다.

유엔개발계획(UNDP)은 다차원 빈곤 지수(MPI, Multidimensional Poverty Index)를 만들어 국제비교를 시도하고 있고(Alkire & Santos, 2010), OECD(2008)는 소득뿐 아니라 자산, 주택, 비현금 서비스를 포함하여 불평등을 측정하려고 했다. 유럽에서는 2004년부터 소득 및 생활조건 조사(EU-SILC, European Union Survey on Income and Living Conditions)를 통해 유럽 각 국의 다차원적 빈곤을 측정하고 있다.

한국에서도 다차원적 불평등을 지수로 나타내고 다중격차의 실체에 접근하려는 연구들이 나오고 있다. 백승주·금현섭(2013)은 소득, 건강, 교육 변수로 구성되는 다차원적 불평등 지수를 산출했다. 정준호·전병유(2016)는 소득, 자산, 소비를 포함하는 다차원적 경제적 후생수준 지표로 다중격차를 측정할 수 있는 지수를 만들어 한국의 다차원적 불평등을 진단했다.

이러한 연구들을 통해 다중격차의 실체가 실질적이고 입체적으로 드러날수록 아직 형성 과정에 있는 다중격차 개념 또한 더욱 분명한 의미와 틀을 갖출 수 있다. 신광영(2016)은 유사개념으로 섞어 쓰는 불평등, 격차, 양극화 등의 표현은 실제 의미가 서로 다르므로 다중격차라는 용어를 보다 분명하게 가다듬어야 한다고 지적한다. 옳은 지적이다. 불평등이 포괄적인 의미에서 분포에 초점을 맞추고 있다면 격차는 개인이나 집단 사이의 거리를 이르는 말이다. 대표적인 소득 불평등 지표인 지니계수는 모든 행위자의 소득을 한데 모았을 때 소득이 얼마나 불평등하게 '분포'되어 있는지를 측정한 것이다. 이에 반해 격차는 개인이나 집단이 올리는 소득이 어느 정도 '차이'나는지에 주목하는 개념이다. 그러나 다중격차라는 용어는 이러한 사전적인 의미보다는 불평등의 체계적 '중첩'을 강조하는 뜻으로 사용했다. 따라서 다중격차는 "다중불평등"으로 대체할 수 있다.

하지만 다중격차가 불평등 체계 전체를 대체하는 것은 아니다. 다중격차 개념은 불평등이라는 커다란 산에 봉우리와 봉우리 사이, 계곡과 계곡 사이, 봉우리와 계곡 사이에 흐르는 기류를 잡아내려는 도구로 고안되었다. 따라서 다중격차는 불평등의 일부를 구성하는 매우 중요한 단면을 보여주며, 다중격차가 "불평등의 특수한 형태"(황규성 2016)라는 말은 바로 이런 의미를 가진다.

그렇다면 불평등 연구에서 다른 개념들도 많은데, 다중격차라는 신조어의 쓸모는 어디에 있는가라는 의문이 제기될 수 있다. 그 이유는 매우 단순하다. 다중격차 개념이 불평등을 파악하기 위한 개념이 갖추어야 할 요소들을 구비하고 있기 때문이다. 불평등 연구의 세계적인 석학인 앳킨슨은 불평등에 관한 데이터를 접할 때 항상 어떤 사람들(개인이냐, 가족이냐 등 측정단위의 문제) 사이의 어떤 불평등이냐(기회의 균등이냐, 결과의 평등이냐)라는 지점을 따져 물어야 한다고 지적한다(Atkinson 2015). 이때 그는 주로 소득불평등을 말하고 있지만, 그의 논의를 확장하면 중요한 시사점이 나온다. 불평등을 다루는 개념은 "어떤 이들 사이에 무엇의 불평등이 무엇으로"(inequality of what among whom by what?) 변화되는지를 파악할 수 있어야 한다.

그런데 이 질문에 대한 다중격차 개념의 대답은 한편으로는 명확하지만 다른 한편으로 어려운 문제에 직면한다. 다중격차 개념은 '무엇의 불평등이냐'라는 질문에 대하여 여러 차원에 걸쳐 있는 불평등을 다룬다는 대답을 이미 내놓고 있다. 즉 소득, 자산, 교육, 주거, 문화, 건강 등 여러 차원의 불평등이 중첩되는 현상을 포착하고자 하는 것이다. '누구 사이의 불평등이냐'라는 문제에 대하여 다중격차는 다차원에 걸쳐 중복되어 갈라지는 사회집단을 연구대상으로 삼는다. 다중격차를 낳고 변화를 낳은 요인에 대한 질문에 대하여 불평등의 범주와 담지자에 걸쳐 다양한 경로가 있음을 열어 놓고 보아야 한다는 것을 암묵적으로 전제한다.

다중격차 개념은 한국의 불평등을 설명하는 유력한 개념들인 양극화(polarization)와 이중화(dualization)의 한 측면을 드러낼 수 있다. 양극화는 사전적인 의미로 보면 중간 부분이 해체되면서 양극단으로 모이는 현상이다(이정우 2010, 81). 소득분포가 정규분포에서 쌍봉형으로 바뀌면 지니계수의 악화를 동반하지 않은 상태에서 양극화가 진행될 수 있다. 양극화를 측정하는 지표로는 ER(Esteban & Ray) 지수와 울프슨(Wolfson) 지수가 널리 사용된다. 최근 들어 부상하고 있는 이중(구조)화 개념은 불평등 연구의 '아이돌'이다. 이중화는 기본적으로 내부자와 외부자의 분할이 굳어지고 서로 다른 논리가 작동하는 현상이다. 양극화, 분절화, 주변화 개념이 결과에 초점을 두는 반면 이중화 개념은 정치과정에 주목한다(Emmeneger et. al. 2012). 양극화가 분포의 이동이나 결과에, 이중화가 정치적 과정에 주안점을 둔

다면 다중격차 개념은 다차원 불평등의 체계적 중첩이라는 정의에서 드러나듯 '불평등 범주들 사이의 관계'를 중심에 놓는다.

양극화 개념이 주로 제기하는 '어떤 사람들 사이의 불평등이냐'라는 질문에 대하여 다중격차 개념은 '행위자 및 집단 사이의 다차원적 분화', 즉 소득뿐만 아니라 자산, 교육 등 다른 영역까지 포함해서 파악할 것을 요구한다. 예를 들어, 어떤 행위자가 소득과 자산분포에서 점하는 사회경제적적 위치가 어디인지를 식별하고 그것이 서로 일치하는지 아니면 불일치하는지는 규명하는 것은 소득이라는 단일범주로 집단을 나누는 것보다 불평등에 대한 훨씬 풍부한 해석 자료와 사회집단의 갈등과 균열을 포착하는 데 유용한 함의를 제공할 것이다.

다중격차 개념이 이중화 개념과 만나면, 사회 구성원들이 어떻게 분리되어 서로 다른 논리에 의해 살아가게 되는지 밝히는 데 도움을 줄 수 있다. 이중화의 요인은 매우 다양할 것이다. 이중화론자가 주목하는 정치적 과정과 제도만이 아니라 경제구조나 문화도 중요한 요인으로 작용할 것이다. 여기에 불평등 범주 간 관계라는 다중격차의 주요 개념을 개입시키면 여러 차원에서 복수의 이중화(multiple dualization) 과정이 있을 것이고, 개별 이중화 과정이 모여 총체적으로 어떤 모양을 잡아가는지를 파악하면 이중화 논의의 지평을 넓힐 수 있을 것이다.

이렇듯 다중격차는 한국 불평등의 새로운 특징을 포착하는 유력한 개념이지만, 한 걸음 더 들어가면 개념 자체가 가지는 복잡성과 다차원성으로 인해 본질적인 한계에 부딪히는 것도 부인하기 어렵다. 다중격차는 불평등의 여러 차원이 서로 복잡하게 얽히고설켜있어 마치 미꾸라지처럼 실체가 깔끔하게 잡히지도 않고 그 해결도 쉽지 않다. 연구자들은 이러한 문제들을 포착하기 위해 "고약한"(wicked) 문제(Rittel & Webber 1973), "지저분한"(messy) 문제(Ackoff 1974), "다루기 힘든"(intractable) 문제(Schön and Rein. 1994), "짜임새가 엉성한"(ill-structured) 문제(Hisschemöller and Hoppe 1995)와 같은 개념들을 고안해 왔다. 최근에는 복잡계 이론의 맥락에서 복잡성 경제학(complexity economics)에서도 이런 문제를 다루고 있다(Colander and Kupers 2014).

이 중에서 현대 사회문제가 다차원에 걸쳐 복잡하게 얽혀 있어 문제를 정의하기도, 해법을 모색하기도 쉽지 않게 되었음을 뜻하는 "난제"(wicked problem) 개념이 널리 쓰인다(Rittel & Webber 1973). 호주 공공서비스 위원회(APSC, The Australian Public Service Commission)는 공공정책의 입장에서 난제의 특징을 다음과 같이 8가지로 명료하게 제시한다. ① 명확하게 정의하기 어렵다. ② 상호의존성이 높고 복수의 인과관계가 존재한다. ③ 제시된 해법이 예상치 않은 결과를 낳을 수 있다. ④ 고정불변이 아니라 계속 변화한다. ⑤ 분명하고 올바른 해법이 없다. ⑥ 다수의 이해관계자가 있어 사회적으로 복잡하다. ⑦ 책임이 다수의 조직들에 걸쳐 있다. ⑧ 해법에는 시민과 이해집단의 행태상 변화가 필요할 수 있다(Australian Public Service Commission 2007). 고약한 문제로서 다중격차의 특징을 한마디로 요약하면 문제의 성격규정, 원인규명, 결과 예측, 대안모색 등 어느 하나 깔끔한 구석이 없다는 것이다. 이런 점에서 다중격차에 관한 연구는 학제적(interdisciplinary) 연구를 넘어 분과학문을 초월하는(transdisciplinary) 연구로 나아가야 할 필요를 제기한다.

**〈표 1.1〉** 간단한 문제와 고약한 문제

|  | 간단한(tame) 문제 | 고약한 문제 |
|---|---|---|
| 문제 형성 | 문제를 명확하게 규정할 수 있다. 문제는 사실과 당위 사이의 차이라고 할 수 있다. 문제정의에 관한 합의를 쉽게 도출할 수 있다. | 문제를 규정하기 어렵다. 가능한 여러 설명이 존재할 수 있다. 각자 문제를 서로 다르게 인식한다. 설명에 따라 해법은 다른 형태를 취한다. |
| 검증가능성 | 잠재적 해법은 맞든 틀리든 검증이 가능하다. | 해법이 맞는지 틀리는지에 관해 단일한 기준이 없다. 기준의 수용가능성은 상대적이다. |
| 결말 | 문제는 명확한 해법과 결말지점이 있다. | 항상 개선의 여지가 있고 잠재적 결과는 무한히 지속될 수 있다. |
| 분석수준 | 문제를 경계 짓고 근본 원인을 식별할 수 있다. 어떤 수준에서 개입할지 논쟁할 필요가 없다. 즉, 부분이 전체로부터 쉽게 분리될 수 있다. | 모든 문제는 다른 문제의 징후로 간주될 수 있다. 식별가능한 근본 원인이 없고 어떤 수준에서 개입하는 게 적절한지 확신하는 것이 불가능하다. 부분을 전체로부터 쉽게 분리할 수 없다. |
| 복제 | 여러 번 반복될 수 있다. 공식에 입각하여 반응하면 예측가능한 결과를 낳을 수 있다. | 모든 문제는 본질적으로 독특하다. 공식의 가치는 제한적이다. |
| 재생산 | 정확한 해법을 발견할 때 까지 해법이 시행 및 배제될 수 있다. | 모든 문제가 한번에(one-shot) 작동한다. 해법이 시도되면 이미 시행한 것을 취소할 수 없다. |

출처: Ramalingam et al. 2014.

우리가 직면하고 있는 다중격차는 사회문제 중에서 얽히고설켜 해결이 쉽지 않은 고약한 문제의 특징을 고스란히 가지고 있다. 다중격차는 기본적으로 개별 불평등 범주들 사이의 복잡한 관계를 가리킨다. 다차원적 불평등의 체계적 중첩이라는 뜻을 수학적으로 표현하면, 개별 불평등 영역 사이에 존재했던 상대적 독립성이 약해지고 한 범주의 불평등이 다른 불평등의 독립변수가 되거나, 독립변수의 계수가 커지는 현상, 즉 범주 간 내생변수화 및 영향력 증대를 뜻한다. 다중격차를 이렇게 표현하면 더 복잡하고 어려워진다.

다중격차 개념은 '타고난 팔자' 때문에 성격도 선명하게 드러나지 않는다. 다차원적 불평등의 특성에 관한 연구가 미진한 것은 해외 연구라고 해서 예외는 아니다. 불평등의 다차원성이 가진 성격이나 특수성은 큰 주목을 받지 않았다는 지적도 나온 바 있다(Bollen and Jackman 1985; Milanovic 2005). 다차원적 불평등의 특수성에 대한 연구가 미진한 것은 바로 다중격차의 복잡성에 기인하는 바가 크다고 판단된다. 그리고 바로 그 복잡성 때문에 다중격차가 우리 사회에 해결이 쉽지 않은 고약한 문제라는 점은 명확하다. 복잡성과 난해함은 다중격차 개념의 숙명인 듯하다. 이 책은 다중격차라는 실타래를 한 가닥씩 풀어내려고 한다.

## 3. 다중격차는 어떻게 만들어졌나?

다중격차의 실타래가 언제부터, 어디에서, 어떻게 얽혀 들어갔는지를 밝히는 일은 다중격차를 해명하는 데 중요한 열쇠다. 모든 사회현상이 그러하듯이 다중격차는 역사적 산물이다. 다중격차가 최근 약 20여년 사이에 생겨난 현상이라 하더라도 그 역사적 뿌리는 그 이전 시기로 소급해서 추적해 볼 필요가 있다.

〈그림 1.1〉은 다중격차의 주요 영역인 소득, 자산, 교육의 관계 변화를 표현한 것이다. 불평등 영역 간 관계의 형성과정에 관한 것으로, 특히 1997년 경제위기를 중심으로 그 이전과 이후의 격차영역 간 변화를 나타내고 있다. 불평등의 영역은 다차원적이고, 불평등의 이러한 다차원성은 불평등 현상의 본질적인 것이다. 이러한 측면에서 과

거에 불평등 영역 간 관계가 독립적이었다기보다는 관계가 보다 밀착(embedded)되고 영역 간 관계들의 성격이 변화되어 가고 있다는 것이 다중격차의 구조적 변화의 핵심이다. 예를 들어 주거(주택)문제는 소득과 관련된 영역이었으나(저소득층의 낙후된 주거환경) 점차 자산으로서의 주거, 즉 자산형성의 중요한 영역으로서 부동산의 비중이 높아지면서 자산불평등의 중요한 요소가 되었다.

**〈그림 1.1〉** 다중격차 개념도: 영역별 격차의 관계변화

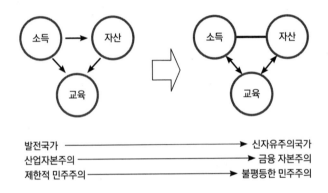

교육불평등은 임금(소득)격차를 결정하는 독립변수에서 소득-자산에 따른 종속변수이자 독립변수로 이중적으로 작동하게 되었다. 이렇듯 현재 한국의 지배하고 있는 불평등 패턴으로서의 '다중격차'는 단절과 연속성을 모두 내포하고 있다. 즉 각 불평등 영역 내부의 계급, 계층 간 거리(격차)가 멀어지는 동시에 다차원적인 불평등 영역 간 연관고리가 점점 밀착되면서 다중적인 간섭의 정도가 커지고 있다는 것이다. 또한 이러한 구조는 기회의 균등이라는 행위자의 선택

능력의 저하를 동반하기도 한다.

〈그림 1.1〉은 다중격차의 동인은 어느 하나로 환원할 수 없을 만큼 정치, 경제, 사회 등 각 방면에 다중적으로 걸쳐 있음을 나타낸다. 이는 어느 한 영역이 아니라 불평등을 한국 사회의 전반적인 체계와 연결지어 보아야 함을 뜻한다. 2장(강병익·황규성)은 정치체제를 포함하여 다중격차의 역사적 기원을 거시적으로 캐묻는다. 필자들은 1960년부터 1980년대를 격차를 통한 발전이라는 키워드로 파악하고 이른바 60-70년대 발전의 키워드인 압축성장은 불평등과 이를 반공주의와 성장주의로 상쇄하는 국민동원을 그 동력으로 이용함으로써, 현재와 같은 고도의 불평등과 격차사회가 탄생할 수 있었던 사회경제적 구조가 만들어진 시기였다고 주장한다.

3장(황규성·강병익)은 경제위기 이후 20년간 변화를 들여다보면서 다중격차를 해부한다. 발전국가의 유산을 부분적으로 받아 안고 민주화를 달성한 87년 체제를 거쳐 한국은 1997년 외환위기라는 국면적 계기(conjunctural momentum)에 직면했다. '87년 정치체제'는 1997년에도 이어져 이른바 '불확실성의 제도화'라는 민주주의 이행의 문턱을 넘는 듯 했지만, 이념적 개방성과 사회권의 성취 등에서 만개하지 못한 제한적 민주주의였다. 발전주의 경제모델은 민영화, 규제완화 등 신자유주의에게 자리를 내주면서 폐기되었고, 경제의 운영 패턴은 바뀌었다. 97년 외환위기는 저임금·비정규 노동을 양산하면서 노동시장은 급격히 불안정해졌다. 복지제도는 잔여주의에서 제도적 복지로 점진적 발전 양상을 보였지만 노동시장의 불안정성에 비하면 광범위한 사각지대와 불충분한 급여수준 등과 같이 미성숙한 양상도 드러냈다. 전체적으로 정치, 경제, 노동, 복지 등 부분체제들

(partial regimes)이 상호 접맥(embedded)되면서 불평등의 양상은 격차의 병존에서 다중격차의 형성으로 나아갔다. 대기업으로의 경제력 집중, 낙수효과(trickle-down effect)의 상실, 노동시장의 유연화, 사교육의 전면적 합법화 등은 서로 독립적이었던 불평등의 영역 사이에 존재했던 차단막을 헐겁게 하는 주요 요인이었다.

다중격차의 원인은 가뜩이나 여러 가지인데, 경제구조로 좁혀 보아도 복잡하다. 동아시아 경제기적의 이면에서는 공유성장(shared growth)가 자리 잡고 있었고(World Bank 1993), 성장과 분배의 관계에 이른바 일정한 낙수효과가 작동했다는 평가에 대해 제고할 필요가 있다. 하지만 역설적으로 민주화와 경제위기를 거치면서, 성장과 분배의 강에는 보(洑)가 축조되기 시작했다. 물이 떨어지지 않고 녹조가 끼었다. 적어도 과거와 같이 성장을 통해 분배문제를 해결하기 어렵게 되었다는 점에는 암묵적인 합의가 이루어진 것 같다.

4장(전병유·정준호·정세은)에서는 한국에서 불평등의 추이와 구조를 소득과 자산, 두 차원에서 검토한다. 경제성장에 따른 소득과 자산의 불평등을 밀라노비치(Milanovic)의 쿠즈네츠 파동 가설에 따라서 해석한다. 특히 1990년대 중반 이후 소득 불평등의 전개 과정을 쿠즈네츠 2차 파동으로 정의하고 접근해 보았고, 자산 불평등은 자산 대비 소득 비율, 이른바 $\beta$값의 증가 경향을 피케티(Piketty)와 스티글리츠(Stiglitz) 등의 논쟁을 해석하는 방식으로 접근해 보았다. 필자들에 따르면 소득 차원에서 기술변화와 글로벌화, 제도변화 요인들이 서로 상호작용하면서 재벌체제하에서의 노동의 이중화를 심화시키면서 소득불평등이 심화되었다. 자산 차원에서는 가계 저축의 감소와 기업 저축의 증가, 개발에 따른 토지지대의 증가, 소득성장률을 넘어서는 자본수익률 등이 β값을 높이고 불평등을 심화시켰다. 따라서 한국에서 다중격차의 특징은 이러한 소득과 자산의 이중적 격차 구조가 심화된 것이다. 1990년대 중반 이후 중국과의 교역과 동아시아분업구조의 형성이라는 조건 하에서 추진된 자유화의 이득 가운데 상당 부분을 대기업들이 독점하면서 자산계층화하여, '소득 창출 방식의 왜곡', '자산에 의한 소득의 위계적 지배', '지대추구행위의 만연과 혁신의 위축', '교육의 평등화 효과의 차단'으로 나타난 것이 한국의 다중격차 구조라고 볼 수 있다.

## 4. 다중격차는 사회를 어떻게 갈라놓는가?

다차원적 불평등이 체계적으로 중첩되면서 한국의 불평등은 새로운 문제들을 낳고 있다. 계급·계층구조가 고착되어 가고 있다. 이제 더 이상 개천에서 용이 나지 않을 뿐 아니라 개천에는 물이 말라 버린 것 같다. 한국사회의 특징 중 하나로 지목되는 역동성이 적어도 계급 이동 차원에서는 옛 말이 되어 버렸다. 수저계급론이 등장한 것도 불평등이 고착되어 가는 현실을 반영한다. 불평등에 불안정성이 겹쳐지고 있다. 교육을 거쳐 노동시장에 진출하고, 때가 되면 결혼하여 아이를 낳고, 중장년기에 왕성한 경제활동을 통해 아이들을 학교에 보내고 내 집을 마련하며, 은퇴하면 쌓아놓은 자산이나 연금으로 생활하는 것이 전통적인 안정된 삶일 것이다. 그러나 이런 안정적인 생애주기를 누릴 수 있는 사람들은 매우 제한적이 되어버렸다.

불평등의 체계적 중첩은 객관적인 차원에 그치지 않고 주관적 인식의 차원으로 파급되고 있다. 우리는 다음 세대가 우리 세대보다 더 잘 살 수 있다는 희망이 사라진 시대에 살고 있다. 아무리 노력해도 안정적인 삶은 성취되지 않는다는 인식이 늘어가고 있다. 청소년들의 장래희망 1순위로 꼽는 공무원은 안정성에 대한 희구를, 2순위인 건물주는 노력없이 취득한 자산을 통한 임대소득을 삶의 방편으로 여긴다는 것을 암시한다. "내 희망은 재벌 자식인데 아빠가 노력을 안 하네!"라는 우스갯소리는 씁쓸함마저 안긴다.

사회적 이동성(social mobility)이 점점 제한되어 가고 있다는 것은 사람들이 일생을 살아 나가는 데에 필요한 '밑천'이 어떻게 배분되어 있는지를 성찰하게 한다. 그 밑천은 크게 세 가지로 나눌 수 있다. 첫째는 소득과 재산이 얼마나 있느냐 이고, 둘째는 어떤 개인적 속성을 가지고 있느냐 이며, 셋째는 어떤 사회적 관계망을 가지고 있느냐이다. 5장(김희삼)은 경제자본, 인적자본, 사회자본이 동조성을 가지면서 다중장벽이 드리워져 사회적 이동이 제한되어 가고 있음을 보여준다. 학생이 속한 가구의 경제자본과 학생의 평균적인 학업성취도에 따라 고등학교는 위계화되고 고교 유형에 따라 대학 진학률은 차이가 벌어지고 있으며, 부모의 경제자본에 따라 자녀에 대한 인적자본에 대한 투자에 차이가 발생한다(경제자본과 인적자본의 동조성). 세대 내, 세대 간 계층 상향이동에 관한 전망에서도 교육수준이 높을수록 상향이동의 가능성을 높게 보고 있으며, 교육수준이 높을수록 믿고 의지할 사람이 많은 것으로 드러난다(인적자본과 사회자본의 동조성). 또한 소득수준이 높을수록 세대내, 세대간 계층 상향이동이 가능하다고 보는 강해지는 경향이 나타나고, 사회적 연결망도 소득수준에 비례한다(경제자본과 사회자본의 동조성). 이러한 '3차원의 동조성'을 통해 한국 사회에서 경제자본, 인적자본, 사회자본이라는 세 유형의 자본 소유가 특정 집단에 집중될수록 상호 강화하는 측면이 있다는 것이다.

경제자본, 인적자본, 사회자본의 동조성이 확인된다면, 개별 자본의 담지자들 사이의 관계는 매우 단순해질 수 있다. 집에 돈도 많고, 사교육을 통해 성적도 좋으며, 자신들끼리 유대관계를 맺는 집단들과 그렇지 않은 집단들이 선명하게 나뉘기 때문이다. 그리고 다중격차의 장에서 취약한 위치에 처해있는 사람들은 하나의 집단으로 똘똘 뭉쳐 일정한 힘을 갖추고 결집된 목소리를 낼 법도 하다. 하지만 현실은 그렇게 간단하지 않다. 갈등은 도처에 산재되어 있지만, 다차원적 약자들의 집단화 혹은 연대는 뚜렷하지 않다. 왜 그럴까?

난제로서 다중격차가 가지는 특징 중 하나는 당사자가 복잡하게 얽혀 들어가 있다는 점이다. 사회적 균열은 "사회구조에 뿌리내린 특별히 강력하고 장기적인 갈등"(Flora 1999, 34)으로 수많은 갈등 중에서 오직 일부만이 한 사회의 집단과 정치를 장기적으로 몇 개의 큰 진영으로 갈라놓는 정도의 영향력을 갖는다(Rokkan & Lipset 1967). 다중격차는 전통적인 사회적 균열에서 생겨나지만 새로운 균열선을 추가하거나 균열의 지점을 옮기는 등 사회적 균열의 형태변경(metamorphoses)을 가져온다는 점에서 기존 사회적 균열의 파생물인 동시에 새로운 균열의 진원지이기도 하다. 다중격차가 낳는 사회적 균열구조의 재편과정에 놓인 사회집단의 행위도 전통적 균열구조와는 구별되는 특징을 보이고 있다.

6장(장지연·신진욱)은 노동시장이 유연화되고 소득불평등이 심화되었음에도 불구하고, 이를 해결하라는 노동계급의 조직적인 목소리는 왜 힘있게 울려퍼지지 못하는가? 라는 도발적인 문제를 던진다. 많은 이들이 프레카리아트(precariat)의 존재에 주목했지만, 필자가 보기에 이들의 불안정한 노동과 불안정한 삶에 초점을 맞추는 것만으로는 이들이 갖는 계급적 함의를 이해할 수 없다. 다양한 종류의 간접고용과 독립계약자(프리랜서)의 확대가 프레카리아트의 본질이다. 이들이 자본과 맺는 관계는 전통적인 노동계급과는 다르며, 그렇기 때문에 이들은 계급적 연대나 사회적 균열에 특별한 의미를 가질 수 있는 것이다.

오래전부터 존재했던 영세 자영업자와 비공식 노동자들 이외에 새롭게 노동계급으로부터 분해되어 등장한 프레카리아트의 확산은 금융 자본주의와 디지털 기술의 발달에 기인한 바 크다. 주주 가치의 실현과 투자자 보호가 핵심적인 가치가 되고, 이익 실현의 사이클은 점점 더 단기화된 자본주의 경제에서 수익성 향상을 위하여 핵심 역량에 집중하고 주변적 업무는 외부화하게 되는데, 이때 디지털 기술이 허락한 네트워크의 발달은 외부화로 노동자를 "털어내고도" 표준화된 상품과 서비스를 생산하는 것이 가능해지게 만들었다. 과거에는 사업을 관할하는 '지배권'이 고용을 통해 직접적인 지배권의 행사로 이행되는 것이 보통이었으나, 디지털 경제 시대의 네트워크 기술은 지배를 유보적으로 행사하거나(특고, 독립계약자, 프랜차이즈), 간접적으로 행사하더라도(하청, 용역) 원하는 만큼 사업에 대한 지배권을 행사할 수 있다.

7장(이철승)은 한국의 노동운동과 시민운동의 연대는 지난 30년 동안 세계사에 유례없는 성취와 좌절을 경험했다고 보면서 한국의 노동-시민 연대가 이루어낸 극적인 성취와 연이은 내적인 분열과 와해를 분석하고, 다중격차 시대 노동-시민 연대의 방향을 모색한다. 필자의 분석은 공식조직들간의 연계를 뜻하는'응집성'(cohesiveness)과 공식조직들의 비공식 시민사회 조직과의 연계를 의미하는 '배태성'(embeddedness) 개념에 의존한다. 건강보험통합연대회의에서 견지된 '배태된 응집성'의 위력은 '시민사회에 깊이 뿌리내린 노조,' '노조-시민사회 네트워크'가 어떻게 보편주의 사회정책을 아래로부터 동원하고(배태성) 정치·정책적 압력을 통해 입법과정까지 주도했는지(응집성) 보여준다. 하지만 1990년대 후반부터 가속화된 글로벌화와 불평등의 증대, '다중격차'의 출현은 노동-시민 연대의 범위와 주체 또한 바꾸어 놓았다. 노동운동의 주력군이었던 한국의 대기업 노조들은 민주화에 기반한 '하층' 연대에서 이탈하여 글로벌화에 기반한 '상층' 연대로 연대의 대상을 바꾸었고, 2000년대 중반을 기점으로 노동-시민 연대 및 노동내부의 연대에서 모두 이탈하였다.

하지만 새로운 힘도 생겨났다. 불평등이 늘고 다중격차가 생겨나면서 다양한 소수자 운동, 특히 비정규직과 청년실업, 이주노동 문제를 중심으로 새로운 사회운동 단체들이 기존 노동-시민 연대의 쇠퇴 와중에 새로운 노동-시민 연대의 씨앗을 뿌리고 있다. 필자의 대안은 새로운 연대의 정치다. 새로이 출현하는 '배태성의 정치'는 급증하는 불평등과 격차의 희생자들을 방어하고 그들이 '시민의 사회적 권리'를 회복하는 길을 터주는 정치, 그 정치가 소외된 외부자에 대한 '자선'이 아니라 다수 시민의 미래를 위한 '보험'임을 집단적으로 깨닫는 정치다.

## 5. 다중격차 시대의 국가란 무엇인가?

다중격차는 국가란 무엇이며, 공공정책은 어떠해야 하는가라는 오래된 주제를 새롭게 음미하게 만들고 있다. 다중격차가 우리사회에 심각한 문제라면 처방전을 어떻게 써야 하는지, 나아가 건강한 상태로 회복하기 위해 체질개선을 하려면 몸 전체를 어떻게 단련시켜야 하는지도 구상이 필요하다. 이런 의미에서 다중격차는 공공정책에 심각한 도전요인이 된다. 기존의 단선적인 정책적 접근으로는 해결하기 어려운 문제가 되기 때문이다. 이때 공공정책은 어떤 접근을 취해야 하는지는 매우 중대한 문제가 아닐 수 없다. 한편, 다중격차는 공공정책의 대응을 넘어 국가의 위상과 책임에 대하여 재음미할 필요를 제공한다.

다중격차가 난제이고 사회적 균열이 여러 층위에 걸쳐 표출되면 공공정책은 복잡성(complexity)의 증대라는 환경에 노출되어 의도한 효과를 거두기 어려워진다. 어느 하나의 해법은 해당 분야에서 효과가 있더라도 의도하지 않게 다른 분야의 문제를 낳을 수도 있다. 스콧(James Scott)은 국가기획의 디자인이 단일한 분석적 사고의 틀에 얽매이면 지역적 지식, 다차원적 관점들, 복잡한 연관관계를 보지 못한다고 비판한 바 있다(Scott 1998[2010]).

이 때문에 다중격차에 대응하는 공공정책이 '다중정책'이어야 하느냐, 아니면 전혀 새로운 해법을 모색해야 하느냐는 근본적인 질문이 제기된다. 논리적으로는 다중격차에 당연히 여러 정책에 걸쳐 다중적인 접근이 요구되지만 오컴의 면도날(Occam's razor)이 보여주듯 단순성의 원칙(the principle of simplicity)이 나은 해법이 될 수도 있다.

정책의 형식도 중요하다. 난제에 대한 공공정책의 대응은 세 가지 형태가 있다. 권위적(authoritative) 전략은 소수에게 문제의 복잡성을 해결하는 책임을 지우는 방식이고, 경쟁적(competitive) 전략은 복수의 당사자가 선호하는 해법을 경쟁시켜 해법을 모색하는 방법이며, 공조적(collaborative) 전략은 당사자 모두가 정책결정에 참여하여 최선책을 찾도록 하는 방법이다(Roberts 2000). 세 가지 해법이 전부(exhaustive)는 아닐지라도 해법을 모색하는 방법은 다양할 수 있다는 것을 시사한다.

한편, 만약 다중격차가 난제로서 공공정책에 중대한 도전요인이라면 시야를 넓혀 국가의 역할이라는 오래된 주제에 대한 새로운 접근이 요구된다. 유럽의 경우 국가의 책무는 비교적 긴 역사 속에서 시대정신을 반영하여 변동되어 왔고, 국가역할에 관한 담론도 경찰국가, 법치국가, 복지국가, 조율국가로 나타났다(Kaufmann, 1994, 14, 41). 국가의 책임은 여전히 논쟁거리다. 신자유주의 흐름 속에서도 국가의 퇴각은 부분적이었고, 시장경제에서도 어떤 시장을 만들어 나가느냐는 문제도 정치적 과제다(Lütz & Czada 2000). 이런 맥락에서 국가와 정치의 과제와 책임은 새롭게 조명되고 있다. 한국의 국가책무는 근대 이후 시대적 과제가 순차적으로 쌓여온 서구와는 성격을 달리하여 경제발전의 역사만큼, 혹은 그 이상으로 압축적이며, 불평등 완화 혹은 해소와 관련된 국가책무도 '비동시성의 동시성'을 안고 있다. 1997년 이후 한국 불평등이 다중격차를 중심으로 압축적으로 변해왔다면 이에 대응하는 국가의 역할도 경제정책, 사회정책은 물론 민주주의 측면에서 다각도로 재검토할 필요가 있다.

민주화 30년, 외환위기 20년을 맞이하는 2017년 이후 한국의 불평등은 다중격차의 응축으로 굳어질 가능성을 배제하기 어렵다. 유권자에 대한 수직적 책임성, 행정부 우위의 위임민주주의, 언론자유에 대한 부분적 제한 등 결함(defective) 민주주의가 지속될 가능성이 높을 것으로 보인다. 2008년 이후 저성장-저물가-저금리의 이른바 '장기 저성장 국면 하의 새로운 경제 질서'인 뉴노멀(New Normal)시대에 접어들 것으로 전망된다. 이미 상당히 진척된 노동시장의 이중화(dualization)는 점점 굳어져 갈 개연성이 높다. 사각지대 해소를 통한 양적 확대와 급여수준의 향상 등 질적 심화라는 과제를 동시에 안고 있는 복지체제는 저성장 시대에 시스템 차원의 위기에 봉착할 것으로 예상된다. 이러한 전망은 이미 형성된 다중격차가 점점 응축된 형태로 표출될 가능성을 높이고 있다. 하지만 한국사회에는 비관적인 전망을 무색하게 할 만한 힘이 내장되어 있다.

이러한 의미에서 8장(강병익·황규성)은 다중격차 시대의 국가의 역할을 다시 구성하고 이에 걸맞는 공공정책의 방향에 대해 제시하고 있다. 불평등의 중첩은 불평등의 고도화와 구조화를 의미한다. 이는 세대 내 불평등이 세대 간 불평등으로 이전되고, 소득에 따른 계층의 구분이 자산(자본)을 매개하여 하나의 계급으로 고착되는 과정으로 요약된다. 결국 우리는 1920년대 말 경제공황과 제2차 세계대전 이후 서구 복지국가에서 일차적으로 요구되었던 국가의 '사회적 책임'의 귀환이 새롭게 제기되는 시대에 살고 있고, 이는 정치의 복귀로 규정할 만한 것이기도 하다. 사실 피케티도 『21세기 자본』에서 세습자본주의의 불평등에 대처하는 해법으로 "조세국가"와 "사회국가"의 역할을 강조하는데 상당부분을 할애하고 있다. 물론 피케티가 경제적 불평등이 민주주의에 위협이 된다는 그의 주장에 대한 구체적인 동학을 밝히지는 않고 있지만(Jacobs 2017, 520), 정치와 경제가 분리될 수 없다는 지적으로부터 불평등의 원인과 그 해결방안은 모두 '정치의 문제'임을 상기하는 것으로도 불평등에 내재한 정치적 의미를 충분히 확인할 수 있다. 이러한 인식의 연장선상에서 필자들은 다중격차 시대에 국가모델을 '사회책임국가'로 명명했다. 한국은 이미 본격적인 신자유주의 시대 이전 70년대 발전국가 시기부터 강요된 '개인의 책임'을 경험했다. 먹고 사는 문제의 최종적인 책임은 개인에게 귀속되었고, 국가의 책임인 사회보장은 경제성장이라는 이름으로 최소화되었다. 발전국가가 해체되고 한국의 복지제도도 양적인 성장을 이루어왔다. 하지만 이제 우리에게 중요한 것은 복지규모의 확대만이 아니라, 성장과 분배, 그리고 사회보장의 얼개를 어떻게 재구성할 것인가에 있다. 무엇보다 불평등이 민주주의를 잠식시킨다는 것은 곧 공동체로서의 국가와 사회의 축소 내지는 해체를 의미한다. 촘촘한 보편적 사회서비스의 구축과 자산의 세습을 막고, 모두에게 공정한 기회를 제공하는 '분배 이전의 분배(predistribution)'를 경제와 사회정책의 결합으로 삼는 정책이념 혹은 정책패러다임의 근본적인 전환과 이의 최종설계자와 집행자로서 충분한 국가의 사회적 책임이 요구되는 것은 바로 이러한 이유에서다.

# 참고문헌

백승주·금현섭. 2013. "불평등의 다차원적 접근." 『한국정책학회보』 22(2).

신광영. 2013. 『한국 사회 불평등 연구』. 서울: 후마니타스.

신광영. 2016. "서평 다중격차: 한국사회 불평등 구조." 『시민과 세계』 29.

이정우. 2010. 『불평등의 경제학』. 서울: 후마니타스.

전병유·신진욱 엮음. 2016. 『다중격차, 한국사회 불평등 구조』. 서울: 페이퍼로드.

정준호·전병유. 2016. "다중격차지수와 한국 사회의 불평등 구조." 『동향과 전망』 97.

황규성. 2016. "다중격차: 다차원적 불평등에 관한 개념화 시론." 『동향과 전망』 97.

Ackoff, R. L. 1974. *Redesigning the Future*. New York: Wiley.

Alkire & Santos. 2010. "Acute multidimensional poverty." *OHIO WORKING PAPER* 38.

Atkinson, A. 1970. "The measurement of inequality." *Journal of Economic Theory* 2: 244-263.

Atkinson, A. 2015. *Inequality: What Can Be Done?* Harvard University Press. 장경덕 옮김, 『불평등을 넘어 : 정의를 위해 무엇을 할 것인가』. 파주: 글항아리.

Atkins, A. B & Bourguignon. 1982. "The comparison of multi-dimensioned distributions of economic status." *Review of Economic Studies* 49(2).

Australian Public Service Commission. 2007. *Tackling Wicked Problems: A Public Policy Perspective*.

Bollen, Kenneth & Robert Jackman. 1985. "Political democracy and the size distribution of income." *American Sociological Review* 50(4).

Colander, David & Roland Kupers. 2014. *Complexity and the Art of Public*

Policy: Solving Society's Problems from the Bottom Up. Princeton: Princeton Univ. Press.

Emmenegger, Patrick, Silja Häusermann, Bruno Palier & Martin Seeleib-Kaiser (eds). *The Age of Dualization: The Changing Face of Inequality in Deindustrializing Societies.* Oxford University Press.

Flora, Peter. 1999. "Introduction and Interpretation." Peter Flora(ed.), *State Formation, Nation-Building, and Mass Politics in Europe.* Oxford: Oxford University Press.

Heidbrink, Ludger & Alfred Hirsch (eds.). 2007. *Staat Ohne Verantwortung? Zum Wandel der Aufgaben von Staat und Politik,* Frankfurt/M.: Suhrkamp.

Hisschemöller, Matthijs and Rob Hoppe. 1995. "Coping with intractable controversies: the case for problem structuring in policy design and analysis", *Knowledge Technology Policy* 8: 40–60.

Jacobs, Elizabeth. 2017. "Everywhere and Nowhere: Politics in Capital in the Twenty-First Century." Bouchey, Heather et al. eds. *After Piketty: The Agenda for Economics and Inequality.* Cambridge: Harvard University Press.

Kaufmann, Franz-Xaver. 1994. "Diskurs über Staatsaufgaben", Dieter Grimm (ed.), *Staatsaufgaben.* Frankfurt/M.: Suhrkamp, pp. 15, 41.

Kolm, Serge-Christophe. 1977. "Multidimensional egalitarianisms." *Quarterly Journal of Economics.* 91(1).

Lütz, Susanne & Roland Czada, 2000. "Einleitung, Marktkonstitution als politische Aufgabe: Problemskizze und Theorieüberblick." Roland Czada & Susanne Lütz eds. *Die Politische Konstitution von Märkten.* Wiesbaden: Westdeutscher Verlag. 9–35.

Milanovic, Branko. 2005. *Worlds Apart: Measuring International and Global Inequality.* Princeton: Princeton University Press.

OECD. 2008. *Growing Unequal? Income Distribution and Poverty in OECD Countries.* OECD Publishing.

OECD. 2016. *Society at a Glance 2016: OECD Social Indicators.* OECD

Publishing.

Ramalingam, Ben, Muguel Laric & John Primrose. 2014. "From best practice to best fit: Understanding and navigating wicked problems in international development." *ODI Working Paper.*

Rittel, Horst & Melvin Webber. 1973. "Dilemmas in a General Theory of Planning." *Policy Sciences* 4: 155-169.

Roberts, Nancy. 2000. "Wicked Problems and Network Approaches to Resolution." *The International Public Management Review* 1(1).

Rokkan, Stein & Lipset. 1967. "Cleavage Structures, Party Systems, and Voter Alignments." Lipset and Rokkan (ed.), *Party Systems and Voter Alignments: Cross-national Perspectives.* NY: Free Press.

Schön, Donald and Martin Rein. 1994. *Frame Reflection: Toward the Resolution of Intractable Policy Controversies.* New York: Basic Books.

Scott, James. 1998. *Seeing Like a State.* 전상인 옮김. 국가처럼 보기 2010. 서울: 에코리브스.

Sen. 1980. *Equality of What? Tanner Lectures on Human Values, Vol. 1.*

World Bank. 1993. *The East Asian Miracle.* Oxford: Oxford University Press.

# 2장
## 다중격차의 역사적 기원
## : 다중격차 이전의 불평등

## 1. 다중격차의 역사적 기원을 살펴보는 이유

이 장에서는 복합적인 불평등 양상인 현재의 다중격차가 하나의 새로운 불평등구조가 되는 과정에서 그 역사적 모태(matrix)로서의 불평등 전사(前史)를 살펴보고자 한다. 다중격차론을 주장하는 데 있어, 그 이전의 격차동학을 설명하는 것은 어쩌면 당연한 순서이자 해명해야 할 과제이기 때문이다.

다중격차는 1997년 미증유의 경제위기 이후 한국사회 불평등의 새로운 양상과 동학을 설명하는 키워드이자 구조라고 할 수 있다. 그럼 그 이전의 불평등은 어떤 양상과 특성을 지녔는가? 이전의 불평등의 구조 동학은 1997년 이후와 어떻게 다른가? 그리고 이 새로운 불평등 양상은 어떤 과정을 거쳐 그 동학을 갖추게 되었는가?

즉, 1997년 이전의 격차 혹은 불평등 영역 간 관계 및 상호작용을 통해 체제 수준에서 불평등이 어떻게 작동했는가를 분석함으로써 1997년 이후 다중격차의 동학을 더 정확히 이해하는 데 도움을 줄 것이다.

한국에서 격차와 불평등의 발생과 심화과정은 경제성장, 혹은 경제발전의 또 다른 이름이라고 할 수 있을 만큼 그 궤를 같이했다. 이른바 한국 경제발전의 '경이'로운 시간단축을 의미하는 '압축성장'은 불평등한 사회구조 역시 압축해서 주조했다. 이러한 측면에서 다중격차 이전의 불평등과 격차의 양태 분석은 1960년대 박정희 정권기로부터 출발한다. 그리고 발전국가[1]의 쇠퇴와 신자유주의 정책이 본격적으로 실행되는 전두환 정권기와 민주주의 이행기를 나누어 살펴볼 것이다.

본격적인 '발전국가' 시기로 평가되는 박정희 정권기는 도시-농촌, 영남-호남을 중심으로 한 지역 간 불균등 성장(uneven growth), 그리고 자본과 노동 간의 계급불평등을 기반으로 한 국가주도의 재벌체제의 형성과정에서 대기업과 중소기업 간 비대칭과 종속 관계, 그리고 이 같은 비대칭성 속에서 발생하는 대기업과 중소기업 간 임금격차 등의 경제적 격차(불평등) 영역이 형성되었다. 또한 1970년대 초부터 본격적으로 진행된 강남개발은 전국을 온통 부동산 투기 열풍으로 몰아넣었고, 부동산은 자산불평등의 중요 요소로 등장했다.

1   발전국가(developmental state)란 시장경제 질서를 유지하면서 국가가 선도기구(pilot agency)를 통해 시장과 기업에 대해 장기적이고 전략적인 개입함으로써 '부국강병'의 목표를 이루고자 하는 정치경제체제를 의미한다. 이와 더불어 발전국가론은 일본, 한국, 대만과 같은 동아시아 후후발 산업화국가들이 세계적인 국가경쟁에 대항하여 자본주의 경제를 구조화하는 정치, 관료, 자본의 연결망(Woo-Cumings 1999, 1)이라는 점에서 민족주의(혹은 그 변형으로서의 반공주의)와도 크게 공명한다.

전두환 정권기는 본격적인 경제자유화, 즉 신자유주의 정책이 하나, 둘씩 도입되는 시기였다. 이러한 의미에서 이 시기는 여전히 강력하긴 하지만, 대기업을 중심으로 한 경제권력이 정치권력과 연계 속에서 강화되는 등 발전국가의 동력이 약화되는 시기라고 볼 수 있다. 하지만 산업합리화정책으로 명명된 기업 구조조정과 1980년대 중반 이후 이른바 3저 호황이라는 경제적 배경속에서 1970년대보다 더 높은 GDP성장율을 보였으나, 전체적인 노동소득분배율은 70년대와 별 차이가 없었다(황덕순 2014, 56).

87년 민주화 이후 1996년까지는 소득불평등이 완화되었던 시기다. 그 주요 동인은 노동조합운동의 활성화를 통한 임금 상승에 있었다. 하지만 정치적 민주화뿐만 아니라 재벌체제의 강화로 나타난 경제자유화는 대기업이 국가로부터의 자율성을 획득한 시기(유철규 2009)이기도 했다. 정치적으로 민주주의 이행기였던 이 시기는 다중 격차의 관점에서 보면 저강도 다중격차, 즉 격차영역 간 연계가 상대적으로 낮고 (소득)불평등의 정도가 하향평준화된 상태에서 97년 경제위기를 기점으로 강화되는 고강도 다중격차로의 '게이트'였다고 할 수 있다. 이는 97년 이후 본격적인 신자유주의 시기로 접어드는 과정에서 사회보장과 소득불평등에 대한 제도적, 정치적 역할이 여전히 발전국가 수준을 벗어나지 못하는 것에 기인한 것이었다.

## 2. 격차를 통한 발전, 성장과 격차의 구조화: 1960~1980 년대

경제발전과 불평등은 어떤 관계를 가지는 것일까? 자본주의의 발전과 성장, 그리고 불평등의 상관관계는 발전의 유형과 성장 전략에 따라 다양하게 설명되어 왔지만 하나의 공통점도 발견할 수 있다. 즉, 산업화 초기에는 공업부문에 자본이 집중될 수밖에 없으므로 불균등 성장이 불가피하지만 발전이 지속될수록 점차 분배가 균등하게 이루어진다는 신고전파 경제학(쿠즈네츠 가설) 및 근대화론, 그리고 세계 체제론을 바탕으로 제3세계 국가들의 개방이 가속화될수록 소득불평등이 더 증가한다는 종속이론은 각각 불평등의 원인과 강조점에서 차이가 있으나, 후발자본주의 국가의 경제성장은 국민경제 내부의 불균등 성장과 불평등을 그 특징과 동력으로 하고 있다는 것이다.

불균등 발전 혹은 불균등 성장(대기업 대 중소기업, 도시 대 농촌, 산업부문 간 등)은 제3세계의 경제발전을 설명하는 유력한 이론적 지위를 가지고 있다. 여기서는 이러한 자본주의 체제가 갖는 불균형 성장구조에 대한 동학을 '다중격차'의 전사(前史)로서 다루고자 한다. 즉 현재한국이 처한 불평등 구조를 설명하는 다중격차 '이전'의 다층적, 다차원적 격차의 성장과정을 살펴보는 것이다.[2]

주지하다시피, 경제개발계획이 본격적으로 시행되는 1960년대와 '개발연대'로 상징되는 1970년대는 고도성장의 시대였다. 전후 남미

---

**2**  자본주의체제의 불평등은 소득이나 전통적인 계급균열 사이에만 발생하지 않고, 젠더·교육·지역·건강까지 항상 다차원적이고 다층적으로 전개된다. 다중격차란 이러한 다차원적 격차가 하나의 단일하고 집중된 메커니즘을 갖는 구조적 동학을 의미한다.

와 같은 경공업을 중심으로 한 수입대체산업화(ISI)에서 수출주도산업화(EOI)로의 전환에 성공한 것이 높은 경제성장률을 가능하게 했다. 하지만 이러한 경제성장은 이른바 '권위주의 국가' 혹은 '발전국가'에 의한 농산품 가격(곡가)규제와 임금(인상)억제에 기반을 둔 대기업 중심의 성장이었고, 냉전의 최전방에 위치한 동아시아의 지정학적 배경에서 자원 배분을 독점한 강력한 국민국가(발전국가)가 경제민족주의를 동원한 결과였다. 이러한 측면에서 이른바 60-70년대 발전의 키워드인 압축성장은 불평등과 이를 반공주의와 성장주의로 상쇄하는 국민동원을 그 동력으로 했다. 이러한 의미에서 한국의 고도성장기는 지금 고도의 불평등과 격차사회가 탄생할 수 있었던 사회경제적 구조가 만들어진 시기이기도 했다(강병익 2016, 167-176).

## 1) 경제개발과 임금격차

수입대체산업화에 중점을 둔 제1차 경제개발5개년 계획은 화폐개혁 실패와 통화발행량의 증가로 인한 높은 물가상승 등으로 시행 2년차인 1963년까지도 성과를 거두지 못했다. 제1차 경제개발5개년 계획을 수정하면서 외자의존도와 국내저축률 등의 내자동원을 강화하기로 한 것도 수입대체 산업화가 그리 성공적이지 못했다는 것을 말해주는 것이며, 이는 바로 국민소득 상승률의 저하로 나타났다. 경제발전전략을 1차상품 중심에서 공업제품으로 수출품목을 전환하는 것으로 수정한 후, 수출금융, 수출품 제조용 원자재와 부품의 수입관세 감면 등의 수출업체에 대한 보조금을 통한 가격경쟁력을 바탕으로 수출규모는 급속히 확대되었다. 그리고 제2차 경제개발계획은 수출주도 산업화로, 그리고 70년대는 중화학 공업화를 경제발전의 주요전략으로 내세웠다.

한국은 대만과 함께 경제성장에 성공했을 뿐만 아니라 동아시아의 다른 후발 산업화 국가와 남미의 경제성장과 비교했을 때 소득불평등(지니계수, 분위별 소득점유율)이 낮은 국가군에 속한다는 것도 경제성장의 특징으로 묘사되었다(Deyo 1987, 11; Barrett and Chin 1987; Evans 1987, 217-220; Amsden 1989; Gereffi 1990; Chan et al. 1998). 하지만 발전국가 시기에 상대적으로 높지 않은 임금(소득)격차는 궁극적으로 저임금과 정부의 물가관리정책(시장에 대한 통제)(신광영 2013)의 산물이었다.

1960년대 상대적으로 낮은 소득불평등 완화효과를 가져온 요인으로는 1950년대 농지개혁(Cumings 1987; Koo 1987; 이국영 2005; 맥마이클 2013; 유종성 2016)으로 인한 농민소득의 증가(식민지시기 지주-소작 관계의 붕괴), 수출주도 성장을 위해 노동비용(임금)을 억제했음에도 궁극적으로 저소득가구들을 다양한 층위의 임금소득자들로의 대규모 고용에 성공했던 경제성장 전략에 있었다. 이것이 가계단위의 낮은 지니계수로 나타난 것이다(Deyo 1987, 242).

1960년대 이후 한국의 발전국가 시기는 노동을 통한 시장임금이 일반 노동자에게는 소득의 거의 전부라 해도 과언이 아니었다. 이른바 일반적 복지국가의 이전소득(사회수당, 사회서비스)은 거의 존재하지 않은 시기였던 만큼 임금문제는 정부차원에서 매우 중요한 관리대상이었다. 정부가 소득분배율보다는 국민소득의 상승(제2차 경제개발 5개년 계획 추진 기간의 국민소득'상승률'은 이전 기간에 비해 오히려 떨어졌다) 홍보에 열을 올린 것도 소득격차 문제에 대응하는 '상징정치'의 일환이었다. 임금격차와 함께 도시와 농촌사이의 불균형도 심각한 문제였다. 미국의 국제개발처(AID)는 도시와 농촌 간 불균형을 심각한 경제적, 정치적 문제로 인식하면서 다음과 같이 도농 간 격차를 평가했다.

1963년도에는 농민들이 도시노동자들보다도 16% 이상의 소득을 올렸던 것에 비해, 1968년도에는 도시노동자들이 농민소득보다 38% 이상을 올렸다. … 이러한 소득분배와 구매력 상의 폭넓은 균형은 다음의 측면에서 국민경제를 심각하게 방해했다. (a) 농민의 생산증대 수단을 감소시켰고, (b) 도시 사람들이 생산한 상품들에 대한 농업 부문의 구매능력을 감소시켰다. 농촌인구가 총인구의 절반 이상을 점하고 인구의 40%가 겨우 최저생계수준에 머물고 있었으므로, 이러한 노력들은 상당한 경제적 중요성을 가진다. 그들은 심각한 사회불안정과 정치적 불만의 잠재적 원인이었다(하원 국제관계위원회 국제기구소위원회 2014, 288).

경제개발계획이 본격적인 경제성장 궤도로 이륙하는 결과를 얻었지만 도시화와 이에 따른 도시인구 집중, 도시의 빈곤층 확대, 그리고 계층 간 소득격차가 중대한 사회문제로 대두되었고, 권력블록에서도 이러한 문제점들이 인지되고 있었다. 이는 1968년 보건사회부 사회보장심의위원회에서 작성한 "사회개발 기본구상"을 통해 경제개발과 함께 '사회개발'의 필요성을 제기하게 된 주요한 이유이기도 했다.[3]

---

3　물론 이 보고서에는 소득격차와 지역격차를 경제성장에 따른 불가피한 측면으로 보고 있다는 점에서 한편으로는 '근대화'의 시각을 충실하게 따르고 있지만 과도한 격차가 가져올 수 있는 사회불안정 방지를 사회개발이 가장 중요한 필요성으로 제기하며, 각종 사회보장정책과 최저임금제 도입을 주장하고 있다는 점에서 당시 주

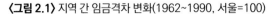

**⟨그림 2.1⟩** 지역 간 임금격차 변화(1962~1990, 서울=100)

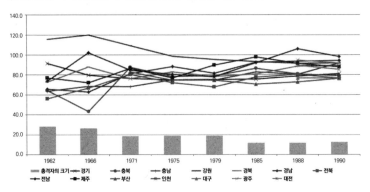

주: 총 격차의 크기란 지역 간 임금격차의 절대치의 합을 지역수로 나눈 값.
출처: 한국생산성본부; 사회보장심의위원회(1968), 306. 노동부, 『직종별 임금실태조사보고서』, 해당
연도에서 재구성.

"경제개발의 강력한 추진으로 고도의 경제성장을 이룩하였으나 지역 간 혹은 산업 간 직업 간에 있어서의 소득의 격차는 우심(尤甚)하며, 여기에 산업시설을 비롯하여 교육, 보건, 의료, 문화 등 공공시설도 편재(偏在)돼 있어 국민계층간의 불균형과 불평등의 '갭'은 더욱 현저함으로써 빈곤의식은 첨예화하고 욕구불만을 자극하여 국민감정의 통일과 사회의 안정을 해치고 있다(사회보장심의위원회 1968, 141)."

소득불평등이 발생하는 대표적인 부문인 임금격차는 지역, 산업(직종), 기업규모, 성별로 구분해서 볼 수 있다. 먼저, 지역 간 임금격차를

류 경제관료들과는 다른 시각을 보여주고 있다.

살펴보자.

한국의 지역 간 격차는 도시-농촌 간, 서울-지방 간의 불균형 발전으로 집약해서 설명할 수 있다(이대근 1987, 257-266). 도시-농촌 간 불균형 발전은 박정희 정권 이전부터 임금억제를 위한 저곡가정책에 그 바탕을 두고 있고, 서울-지방 간 불균형 문제도 서울에 대한 자원의 집중과 이를 통한 성장효율성의 증대라는 측면에서 의도된 것이었다. 이러한 지역 간 불균형 구조는 임금격차에서도 그대로 드러나는데, 〈그림 2.1〉을 통해 지역 간 임금격차가 진행되는 하나의 유형을 발견할 수 있다. 1960년대는 지역 간 상호격차가 크게 나타났다면 1970년대 이후에는 서울 대 지방 간 격차로 수렴된다는 점이다.

한편, 도시와 농촌의 소득격차 또한 지역 간 격차의 대표적인 양상으로 전개되었다. 1962년부터 시작된 제1차 5개년계획부터 정부는 개발정책의 기조로 '중농정책'을 내세우며, 농업개발 우선, 농공병진 정책과 농가소득의 확대를 표명했다. 하지만 3차 5개년계획까지 농림수산업부문의 투자배분에 따른 실적은 계획에 비해 1/2에서 3/2 수준에 그치고 말았다(이대근 1987, 258). 경상소득면에서도 농촌개발과 소득증대를 내세우며 실시된 '새마을운동'이 절정에 다다랐던 1970년대 중반 도시근로자가구를 상회(1인당 실질소득은 도시근로자의 84%)[4]하기도 했으나(최상호 2004, 498~499), 이후 다시 하락하여 1980년에는 52%까지 떨어졌다.

다음으로 알아볼 임금격차 영역은 대기업과 중소기업 간 차이에

---

**4** 이 당시 농가소득의 증대를 새마을운동을 통한 정책적 효과라는 평가에 대해 1974~1975년 사이 파격적인 추곡수매가격 인상조치를 통한 일시적인 증대로 평가절하하는 견해도 있다(이대근 1987, 260).

**〈그림 2.2〉** 1960년대 피고용인 규모별 임금격차 추이(1962~1966, 30~49명 =100)

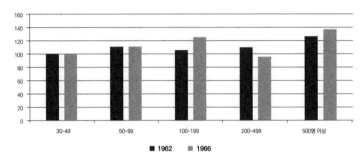

■ 1962  ■ 1966

출처: 한국생산성본부; 사회보장심의위원회(1968), 307에서 재구성.

관한 것으로, 여기서는 기업의 피고용인 규모를 기준으로 분류하도록 한다.[5] 한국의 경제성장이 대기업, 즉 국가의 정책금융 및 배타적 자원배분에 의해 '육성'된 재벌주도의 성장임은 새삼 강조할 필요는 없을 것이다. 이는 반대로 얘기하면, 고용효과가 큰 중소기업은 정부 정책의 사각지대에 놓였다는 것을 의미한다. 이러한 대기업과 중소기업 간 격차는 임금에도 그대로 반영되었다.

1960년대 지역, 업체규모, 그리고 업종 간 임금격차는 부문 간 다소 차이가 있었지만, 업종 간, 특히 광업과 제조업 간 임금격차는 비

5   업종에 따라 차이는 있지만 1966년에 제정된 중소기업기본법에 따르면, "공업 기타 제조업·광업·운송업" 등은 "상시 사용하는 종업원 수가 200인 이하이거나 자산총액이 5천만 원 이하", "사업, 서비스업"은 상시 고용된 종업원 수가 20인 이하이거나 자산총액이 1천만 원 이하"로 되어있었다. 현재는 업종에 따라 중소기업 기본법 시행령에 세분화 되어있는데, 여기서는 편의상 피고용인 규모 500인을 기준선으로 정한다. 하지만 일반적으로 500인 이하의 경우 19인 이하는 영세기업, 20~49인은 소기업, 50~199인은 중기업, 200~499인은 중견기업으로 다시 구분할 수 있다(김상조 2012, 157).

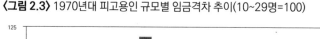

**〈그림 2.3〉** 1970년대 피고용인 규모별 임금격차 추이(10~29명=100)

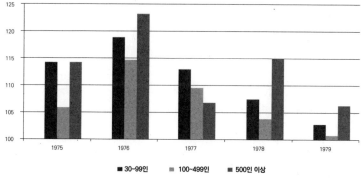

교적 큰 폭으로 상승[6]했는데, 이는 노동시장의 수요와 공급에 따른
변화와 함께 정부의 산업정책에 따라 업종 간 임금격차가 초래되었
음을 추정해주는 대목이다.

　임금격차는 500인 이상의 대기업과 중소기업 간 격차가 기업 규모
에 비례에서 나타났지만, 이들 간 격차가 현격하게 벌어지는 시점은
1980년대 중반 이후부터로 나타난다(〈그림 2.4〉). 그럼 1980년 말 이
후에 비해 1960~70년대 대기업과 중소기업 간 임금격차가 상대적
으로 크지 않게 나타난 것은 두 가지 측면에서 판단할 수 있다. 하나는
제조업 생산직의 비율이 높고, 이것이 전체 평균에 영향을 주었기 때
문이다. 즉 저임금의 대표적 직종인 제조업 생산직이 전체에 임금격
차에 영향을 미쳤는데, 예를 들어 1975년 생산직종에서 10~29인 규
모 사업체의 평균임금을 100으로 했을 때, 100~499인은 114.9, 500

---

**6**　임금격차지수는 전국 평균임금을 100으로 했을 때, 1962년 광업(석탄, 금속, 토사
　　석 등)평균이 118.9에서 144.2로, 같은 기간 제조업 평균은 97.0에서 86.1로 떨어
　　져 그 격차가 더 늘어났다(사회보장심의위원회, 1968, 308~309).

**〈그림 2.4〉** 1980~2000년까지 피고용인 규모별 임금격차 추이(5~9인=1)

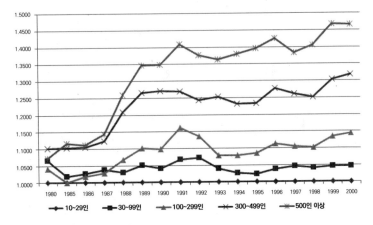

주: 임금총액 = 정액급여＋초과급여＋전년도 연간특별급여/12.
출처: 고용노동부, 『임금구조기본통계조사』 및 『고용형태별근로실태조사』 원자료; 2012 KLI 노동통계에서 재구성.

인 이상은 130.1이었던 데 반해, 전문직 및 기술관련직은 각각 151.6과 179.3을 나타냈으며, 행정 및 관리직은 159.7과 182.2로 10~29인과 500인 이상 사업체 임금은 거의 두 배 가까운 차이를 보였다.

다른 하나는 1960년대와 1970년대 재벌형성과 대기업 중심의 경제성장 가운데서도, 이른바 중소기업으로 낙수효과가 작동된 시기로 볼 수 있다는 점이다. 이는 1970년대 말까지 영세기업의 비중이 빠르게 감소한 반면, 소기업과 중소기업의 비중이 크게 늘어난 점에서 알 수 있다. 영세기업의 비중이 급격히 늘어나고 소기업과 중소기업의 비중이 크게 감소되는 시점은 1990년부터로, 1인당 부가가치도 동시에 중소기업과 대기업 간 격차가 벌어지는 이른바 '양극화' 현상이 불거진다. 이는 대기업과 중소기업 간 다차원적 격차가 이미 1997년 외환위기 이전부터 나타난 현상이라는 점을 말해준다(김상조 2012,

157~161).

앞서 언급한 사회경제적 불균형 시정을 위한 사회개발에 관한 문제의식은 1972년부터 시행된 제3차 5개년계획에 일정부분 반영되었지만 소득불균형의 문제는 주로 농촌과 도시 간 격차문제에 한정[7]되어 있었고, 중소기업 육성을 통한 대기업과의 임금격차해소나 적극적인 사회보장 정책은 거의 반영되지 않았다(동아일보 1971.2.10. 3면).

한편 임금격차는 학력요인을 통해서도 발생했다. 개발연대는 경제성장과 일자리 확대가 연계되어 진행된 시기였다. 노동수요 측면에서 보면, 1970년대 산업구조가 고도화됨에 따라 고학력자에 대한 수요가 증대되었다. 즉, 이 시기에 상대적으로 고소득직종인 전문기술 및 행정관리직의 수요가 약 30만 명, 사무직은 약 91만 명이 늘어났다. 하지만 4년제 대졸자는 약 25만 명, 2년제 대졸자는 약 18만 명, 대학원은 약 3만 명이 신규 노동력으로 공급됨으로써 수요에 크게 못미치게 되었고, 이는 상위직으로 대졸자의 직종 이동이 활발하게 일어날 수 있는 배경이 되었다(박세일 1983, 44). 이러한 이유로 고졸 대비 4년제 대졸자의 평균 임금은 1972~1974년 1.90801이었던 것이 1977~1979년에는 2.0686으로 상승했고, 같은 기간 전체 근로자의 평균임금 대비 4년제 대졸자의 임금도 각각 1.9290에서 2.0297로 늘어났다.

이른바 고학력 등의 임금프리미엄은 1980년대 중반까지 지속적으로 높은 수준을 보이다가, 이후 급격하게 하락하게 된다(〈그림 2.5〉). 이는 대학교육제도의 변화와 산업구조에 따른 노동수요, 그리고 87년

7    이는 "농어촌 소득의 6% 증대"라는 목표로 제시되었는데, 이후 '새마을운동'으로 이어지게 된다.

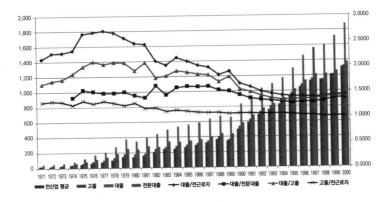

**〈그림 2.5〉** 학력별 임금격차(1971~2000) (단위: 천 원)

주: 임금총액 = 정액급여 + 초과급여 + 전년도 연간특별급여/12.
출처: 노동부, 『직종별 임금실태조사보고서』, 각 연도(1979년까지는 10인 이상 상용근로자, 1980년
부터는 5인 이상 상용근로자).

민주화 이후 노동운동의 활성화와 관련이 있다(김규 1998; 박강우 2014).
즉, 대입정원을 대폭 늘리는 졸업정원제를 실시한 '1980년 7.30 교육
개혁'과 중화학공업화의 진전에 따른 제조업 생산직에 대한 수요확대,
그리고 노동의 조직화를 통해 임금인상이 동반되었기 때문이다.

이러한 현상은 앞서 언급했듯이 기본적으로 대졸학력자들의 양산
에 따른 것으로, 학력에 따라 선택할 수 있는 직종이 제한된다는 점을
감안하면 동일 직종내 임금격차와 함께 비교해봐야 학력에 따른 임
금격차의 양상을 입체적으로 분석할 수 있다. 한편, 대졸학력자의 양
산은 대졸학력 중에서도 특정한 학교출신자들에게 임금프리미엄을
비롯한 사회경제적 부가 집중되는 이른바 학력사회에서 '학벌사회'로
의 전환이라는 점 역시 시사하고 있다. 이는 교육격차 부분에서 다시
재론하기로 한다.

## 2) 자산: 부동산과 금융

　1997년 외환위기 이후 경제적 불평등 격차가 급격하게 벌어진 데
는 소득과 더불어 자산의 불평등이 심화되었기 때문이다. 일반적으
로 부(wealth)는 개인, 가구, 가족이 소유하고 있는 자산을 말하는데,
구체적으로 토지, 은행예금, 임대할 수 있는 재산, 주식과 채권, 특허
등으로 구성된다(보울스 외 2009, 462). 이는 피케티(Thoma Piketty)가
말한 자본소득, 즉 노동과 관계없이 자본의 소유로부터 얻어지는 모
든 소득(피케티 2014, 293)과도 같은 의미다. 그런데 임금소득과 달리
자본소득은 대부분 고소득 계층에 집중되어 있기 때문에 소득분배의
불평등에 영향을 미칠 뿐만 아니라, 사유재산제도와 상속제도를 통
해 세대 간 불평등으로 이전되는 요인으로 작동한다는 점에서도 매
우 중요한 불평등의 원인이다(주학중 1982, 77).
　부(자산)에 대한 통계 자체가 미비한 상태에서 1970년대 부의 분배

**〈표 2.1〉** 1977년 자산불평등(자산계층, 직종별)

|  | 전국 | 비농가 | 근로자 | 자영업자 | 농가 |
|---|---|---|---|---|---|
| 5분위배율(대체비용) | 12.00 | 15.95 | 12.84 | 17.99 | 3.61 |
| 5분위배율(실현가치) | 17.64 | 21.42 | 19.56 | 24.65 | 10.36 |
| 지니계수(대체비용) | 0.4135 | 0.4818 | 0.4672 | 0.4878 | 0.2388 |
| 지니계수(실현가치) | 0.5226 | 0.5417 | 0.5338 | 0.5512 | 0.4430 |
| 소득 5분위배율* | 7.95 | 9.37 | 6.59 | 13.59** | 5.99 |
| 소득 지니계수* | 0.3910 | 0.4118 | 0.3553 | 0.3302** | 0.3273 |

주: *은 1976년 추계로 주학중 1982a, 91-94에서 재구성. **경영자가구 포함.
출처: 주학중 1982b, 104.

상황은 1977년 경제기획원의 〈국부통계조사보고〉의 가계자산을 토대로 한 주학중의 연구(1982)를 참고할 수 있다. 이 연구는 전국의 약 1만 가구를 표본조사한 것인데, 가계자산으로 토지를 제외한 건물, 각종 내구소비재, 주택대부시설 등의 가액을 신품가격으로서 평가한 재취득가액 또는 총계가액(대체비용)과 감가상각을 감안한 재조달가액 또는 순계가액으로 구분하여 자산계층별 십분위분포로 집계했다(주학중 1982, 103). 그런데 이 연구는 가계의 대표적인 수익자산인 토지와 주식, 예금 등의 금융자산이 포함되어 있지 않다는 점에서 정확한 부의 분포를 파악하는 데 한계가 있다(이정우·이성림 2001, 40). 하지만 이러한 점을 감안하더라도 소득분배와는 지니계수와 5분위 배율에서 상당한 차이를 보이고 있고, 이는 1970년대 자산불평등의 단면을 보여주고 있다.

위의 연구에서 빠진 토지와 금융자산을 포함한 자산불평등 연구는 1990년대 '대우패널'(대우경제연구소의 가계경제활동 패널자료)을 이용한 이정우와 이성림의 연구(2001)를 참고할 수 있다. 최상위의 고소득층이 빠져 있는 패널조사의 한계를 감안하더라도 순자산과 금융자산의 불평등도가 지속적으로 상승하고 있음을 알 수 있다.[8]

소득과 자산의 함수관계에 대한 일반적으로 가능한 추론은 소득이 많을수록 자산이 많을 것이라는 생각이다. 즉 소득과 자산이 비례

---

8    총자산의 불평등도가 순자산보다 낮은 것은 전월세금의 영향으로, 부동산 불평등도가 줄어드는 현상은 부동산 비보유층이 패널조사에서 빠져나갔기 때문에, 실제 부동산 불평등도는 훨씬 높을 것으로 저자들은 예측하고 있다. 또한 총자산에서 부채를 뺀 순자산 지니계수가 총자산의 그것보다 높다는 것은 그 만큼 부동산, 특히 저소득층의 자가보유 자금이 상당부분 부채에서 나온 것으로 분석하고 있다.

**〈표 2.2〉** 1990년대 자산불평등

| | 소득 불평등 (가처분)* | 보험 포함 | | | | 보험 제외 | |
|---|---|---|---|---|---|---|---|
| | | 순자산 | 총자산 | 부동산 | 금융자산 | 총자산 | 금융자산 |
| 1993 | 0.250 | 0.517 | 0.451 | 0.689 | 0.593 | 0.451 | 0.578 |
| 1994 | 0.248 | 0.573 | 0.492 | 0.675 | 0.633 | 0.501 | 0.667 |
| 1995 | 0.251 | 0.577 | 0.488 | 0.657 | 0.600 | 0.499 | 0.634 |
| 1996 | 0.257 | 0.570 | 0.470 | 0.633 | 0.593 | 0.479 | 0.624 |
| 1997 | 0.257 | 0.600 | 0.488 | 0.652 | 0.610 | 0.501 | 0.648 |
| 1998 | 0.285 | 0.655 | 0.462 | 0.602 | 0.630 | 0.473 | 0.678 |

주: *통계청. 도시 2인 가구 이상.
출처: 이정우.이성림. 2001, 44.

할 것이라는 점인데, 이는 지속적인 경제성장과 이를 통한 가처분소
득의 증가가 필요조건으로 전제될 때 가능한 얘기다. 예를 들어 피케
티는 젊었을 때 소득을 통해 부를 쌓고 노년에는 이 부를 소비하며 살
아간다(소득의 축적-저축-을 통한 자산의 형성)는 부의 축적과 분배의 관
계에 관한 지배적인 논리는 환상에 불과하다고 일갈한 바 있다. '생애
주기'(lifecycle)에 걸쳐 상속재산이 부의 불평등에 주는 영향력이 점
점 커지는 현재의 자본주의 체제에 대한 이해를 결여하고 있다는 것
이다(피케티 2014, 34). 한국의 경우, 1970-80년대는 높은 경제성장의
과정에서 임금을 통한 자산의 축적-대표적으로 자가소유주택-이 어
느 정도 가능한 시기였다고 할 수 있다. 경제성장의 시대였던 1970
년대 근로소득이 불평등에 미치는 역할이 상대적으로 컸을 것으로
예상되지만, 이후 부동산 투기와 전통적인 금융자산형성 기제인 저

축을 제외한 금융자산이 갖는 부의 분포에 대한 영향력이 점차 증가했을 것으로 판단된다. 이를테면 평균적인 개인이 가질 수 있는 대표적인 자산인 주택의 경우, 자신의 임금만으로 내 집 마련을 할 수 있는 기간이 1980년에는 10년(연평균 소득증가율 23%, 저축율 30%)에서 1990년대 이미 32년(서울지역, 연간 임금상승률 6.6%, 저축율 20%, 경향신문 1991.5.28.)으로 늘어났는데, 이러한 결과는 소득과 자산의 연계성이 밀접해지고 있음을 추론할 수 있는 대목이다. 소득과 순자산의 상관계수가 이정우·이성림의 연구에서 0.2였지만, 2013년 노후보장 패널조사를 활용한 남상호의 연구(2015)에서 0.3752로 추계됐다는 점에서 도 소득과 자산의 관계가 밀접해지고 있는 추세를 가늠할 수 있다.[9]

소득불평등과 마찬가지로 자산의 불평등 현상은 시장에서 발생하는 단순한 경제적 현상으로 볼 수 없다. 이는 이해관계자를 둘러싼 정부정책의 산물이기 때문이다. 부동산의 경우 노태우 정권 초기 토지공개념 도입과 경기침체 국면을 배경으로 한 가격하락 기간을 제외하면 한국의 지가와 주택가격, 특히 아파트 가격은 폭등을 거듭하며 상승했다(〈표 3.3〉).

이러한 측면에서 한국사회 부의 불평등은 '개발' 혹은 '발전'과 그 궤를 같이 하고 있다. 한국의 대표적 자산인 부동산은 정부의 대규모 개발계획 추진과 더불어 특정 계층의 독점적 소유의 대상이 되었고, 그 시작은 이른바 서울의 '강남개발'로부터 시작되었다. 박정희는 이미

**9**  2015년 가계금융·복지조사에서는 소득과 자산의 상관계수가 0.51로 나타났다. 자산이 전체의 20% 안에 드는 가구 가운데 소득도 전체의 20% 안에 있는 가구가 52.1%에 달한 반면, 자산이 가장 적은 하위 20% 가구의 47%는 소득도 하위 20%에 속했다(한겨레 2015.12.22).

**〈표 2.3〉** 1974~2004년 간 부동산 가격지수(1974=100)

|  | 1974 | 1978 | 1980 | 1985 | 1987 | 1989 | 1993 | 1996 | 1998 | 2002 | 2004 | 총<br>증가율 |
|---|---|---|---|---|---|---|---|---|---|---|---|---|
| 땅 값 | 100.0 | 214.7 | 416.6 | 677.6 | 833.8 | 1402.6 | 1744.2 | 1760.3 | 1525.7 | 1745.9 | 1875.5 | 19배 |
| 6대도시땅값 | 100.0 | 387.4 | 552.9 | 1079.7 | 1308.6 | 2235.5 | 2884.6 | 2894.5 | 2451.3 | 2821.7 | 3018.0 | 30배 |
| 서울땅값 | 100.0 | 474.0 | 572.0 | 1353.5 | 1491.9 | 2551.3 | 3301.2 | 3292.9 | 2765.8 | 3351.1 | 3671.7 | 37배 |
| 집 값 | 100.0 | 184.7 | 378.8 | 541.7 | 564.9 | 732.2 | 813.2 | 823.0 | 735.4 | 977.6 | 1011.6 | 10배 |
| 소비자물가 | 100.0 | 181.7 | 276.6 | 389.8 | 412.7 | 467.5 | 617.8 | 719.8 | 807.9 | 890.7 | 956.1 | 10배 |

출처: 건설교통부, 국민은행, 통계청; 손낙구(2005).


1964년 연두교서에서 높은 물가상승의 원인을 해소하는 데 있어 "비생산적 부동산투자", 즉 부동산투기를 중요한 요소로 꼽을 정도(경향신문, 1964.1.1. 3면)였지만, 1967년 말 국세청조사에 의하면 전국의 부동산가격은 전년에 비해 평균 45%가 올랐다(매일경제신문 67.12.30. 1면).

　이러한 전국적 부동산 가격 폭등을 배경으로 박정희 정권은 1967년 실시한 대폭적인 세제개혁 항목 중 부동산과 관련한 서울과 부산 등 주로 대도시 지역의 부동산투기를 대상으로 50%의 비례세율로 '부동산투기에 관한 임시조치법'(부동산투기억제세)[10]을 도입했다. 이러한 세제를 통한 투기억제 정책에 불구하고 〈그림 2.6〉에서 보듯이 1960년대 후반 지가상승률은 50-80%에 이르게 되었다. 이는 앞서 언급했듯이, 부동산투기요소들이 산업화와 국토개발이라는 경제개

---

**10**　이 세제는 1974년 양도세로 개편되었다.

**〈그림 2.6〉** 박정희 정권기 지가상승 추이

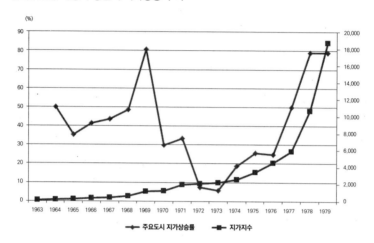

출처: 한국감정원, 〈전국주요도시 지가지수〉 1963~74, 〈토지시가 조사표〉 1975~79; 이정우 2011, 82에서 재인용.

발계획의 진전에 따라 지속적으로 생성되었기 때문이다.

급격한 도시화[11]와 산업화, 그리고 생활공간의 간극을 대폭 줄여 '전국 일일생활권'의 기초가 되었던 1970년 경부고속도로의 개통은 다른 한편으로는 전국을 부동산 투기화하는 신경망으로 작동했다. 그리고 1966년 서울도시계발계획법을 시작으로 본격적으로 조성된 '강남개발'을 통해 부동산, 즉 아파트는 '신중산층'이라는 이름의 새로운 자산계급을 탄생시켰다. 그리고 박정희 정권의 대규모 개발정책에 힘입어 성장한 재벌 대기업은 수출을 통한 잉여자금을 부동산투기에 쏟아 부었다.[12]

**11** 1960년 전체 인구의 28%에 불과했던 도시화비율은 1980년 59%로, 20년 만에 전 인구의 60%를 수용하게 되었다(줄레조 2007, 87).
**12** 박정희 정권은 강남 개발을 통해 막대한 정치자금도 조성했다.

박정희 정권은 본격적인 강남개발을 위해 1975년 '강남구'를 신설하고 '부동산억제세 면세'와 '한강이북 택지조성 불허' 등의 조치를 단행했다. 그리고 무엇보다 현재의 강남을 만드는 데 결정적인 역할을 한 것은 이른바 '명문고' 이전 조치였다. 이는 '교육열'을 활용한 인구유입방안(줄레조 2007, 131; 한종수·강희용 2016, 93)이기도 했지만, 전통적인 계층이동 사다리로서의 교육의 역할에 종언을 고하는 '계급정책'이기도 했다. 또한 두말 할 나위없이 강남의 아파트 소유자들은 엄청난 재산 상승의 수혜를 안았고, 이는 한국적 맥락의 특수한 자본축적 전략이었다(줄레조 2007, 143-144).

이렇듯 이른바 '강남계급'의 등장과 형성은 한국에서 부의 소유가 최상위층만의 문제가 아니라 중간계급(중산층)을 중심으로 한 '소유적 개인주의' 욕구의 실현 기제로서 부동산(아파트)과 교육이 결합되는 양태로 진행되었다.

### 3) 교육

교육격차는 두 가지 측면, 즉 '교육기회의 균등' 정도와 '학력에 따른 불평등한 지위분배구조' 로 접근할 수 있다. 학교 교육, 즉 공교육을 받을 권리(기회)가 충족되고 있는지를 알려주는 지표로서 상급학교 진학률은 중학교의 경우는 1980년대 중반, 고등학교는 1990년대 초에 거의 100% 가까운 비율에 접근했다. 대학진학율의 경우는 1970년대 감소 경향을 보였지만, 1980년대 초(1978년 22% → 35.3%)와 1995년대 중반(1992년 34.3 → 1995년 51.4%)에 큰 폭의 증가세를 보였다. 이는 물론 정부의 교육정책에 따른 결과인데, 중학교로의 진학률

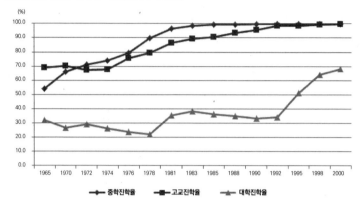

**〈그림 2.7〉** 상급학교 진학률(1965~2000)

출처: 1965~1981: 경제기획원(1982) 〈한국의 사회지표〉; 박훤구(1983), 40 재인용.
1983~2000: 한국교육개발원 교육통계분석자료집; 통계청(2010) 〈장래추계인구〉 해당연도 발췌.

상승은 1969년 당시 문교부의 중학군 설치와 추첨을 골자로 하는 연
차적 중학교 무시험제도 실시, 고등학교 진학률 상승은 1973년부터
역시 연차적으로 실시된 평준화제도-고등학교 학군별 배정방식-가
큰 영향을 미쳤다(한국교육개발연구원 2010, 63). 대학의 경우는 앞서 언
급한 정부의 대학정책과 깊은 관련을 지니고 있는데, 1980년대 초에
시행된 졸업정원제와 1995년 이른바 5.31 교육개혁의 일환으로 추
진된 대학설립준칙주의에 의거한 대학정원자율화의 영향이었다.

　이러한 공교육 체계는 유사한 발전 단계를 거친 개발도상국, 특히
남미와 다른 동아시아 발전국가들의 특징이었다. 남미와 달리 동아
시아 국가-한국, 대만, 싱가포르-의 교육정책은 전체적인 발전전략
과 인력개발계획에 밀접하게 연계되어 있었다(Haggard and Kaufman
2008, 117). 권위주의 정권의 교육정책은 사회통제와 이념의 주입에
관한 정치적 이해관계를 반영하지만,[13] 한국과 대만의 경우는 이와

함께 수출성장전략으로의 전환에 맞춰 교육체제를 확대해왔다. 즉, 한국의 급속한 교육기회 확대과정에서 나타나는 특징 중 하나는 이 것이 산업화에 따른 국가경제적 요구에 대한 대응이라는 점으로 '교육과 경제의 조응관계'를 보여주고 있다(이상진 2008; 한국교육개발연구원 2010, 68). 이러한 조응관계는 1960년대 경공업중심의 노동집약적 산업화와 교육부문의 초등교육 완전취학과 중등교육의 확대로, 1970년대 자본집약적 중화학공업 육성과 공업고등학교를 비롯한 실업계 고교 확충, 고등학교 학군별 배정정책, 1980년대 전자산업 중심의 기술집약적 산업화와 고등교육의 확대로 나타났다(한국교육개발연구원 2010, 69). 이러한 국가주도의 경제개발계획에 따른 산업화과정에서 학력은 인력개발의 정도와 개인의 노동력에 대한 가치 척도의 기준이 되었으며, 학교 수준은 개인의 능력과 실력의 지표로 간주되었다(이정규 2003, 133-134). 하지만 중등교육에서 실업계 학교의 확대는 노동집약적 산업화에 따른 중간기술자 양성을 위한 직업교육에 궁극적인 목적이 있었다. 이러한 의미에서 대중들의 전체적인 중등교육의 지향은 인문계 중심이었다고 할 수 있는데, 실업계 고교의 확충에도 불구하고 한국의 인문계 지향적 교육체제가 확대된 것은 앞서 학력별 임금격차에 대해서 언급했지만, 대기업에 의해 주도된 이중적 임금체계(wage dualism)에 기인한 바가 크다(Cheng 1992, 63).[14]

13  사실 이는 근대국가가 갖는 교육체제의 기초적인 목적이기도 하다.
14  1965년 59% 대 49%였던 인문계 고등학교와 실업계 고등학교의 학생 수 비율은 1988년에 이르러서도, 63% 대 37%로 거의 변화가 없었다. 이는 대만의 경우와 확연하게 대비된다. 1965년 비슷한 비율을 보였던 대만은 1988년이 되면 32% 대 68%로 실업계 고등학생의 비율이 현격하게 증가했다. 대만의 경우 숙련노동에 대한 공급과 수요의 불균형(mismatch)를 최소화하고 고등학교 단계에서 직업교육에 대한 적응력을 높임으로써 고등교육에 대한 압력을 줄이고자하는 이른바 '인력

**〈표 2.4〉** 한국의 경제발전과 교육목표의 전개

| | 1단계 | 2단계 | 3단계 | 4단계 |
|---|---|---|---|---|
| 시기 | 1945-1960 | 1960~1970년대 | 1980~1990년대 중반 | 1990년대 중반~ |
| 경제 발전 전략 | 해방, 전후재건 | 수출지향적 산업화 | 경제안정화 | 지식기반사회 |
| 교육 정책 목표 | 교육기본체제 정립과 초등교육 보편화 민족주의 교육이념 | 중등교육 확대와 직업기술교육, 훈련 확충 | 고등교육 성장과 교육내실화 | 교육경쟁력 강화 |
| 주요 교육 정책 | 미국학제 이식 초등교육의무화 대학설치기준령 (1955) | 대학정원제(1965) 중학교무시험제 (1969)) 고교평준화(1974) | 7.30 교육개혁 초중등교육의 질적 개선 | 5.31 교육개혁 대학 산학협력강화 국가 인적자원개발정책(NHRD) |

출처: 이상진 2008; 한국교육개발연구원 2010, 68, 이정규 2003, 114-135에서 재구성.

이렇듯 기회의 균등문제와 함께 논의해야 할 부분이 바로 교육 혹은 학력이 사회적, 경제적 불평등에 어떤 영향을 미치는가, 즉 생득적인 귀속지위에서 벗어나 사회적 이동성을 증가시키는 지위분배구조에 관한 문제이다. 전통적으로 한국에서 교육은 계층 상승의 유일한 탈출구로 인식되어 왔다. 실제 해방 이후 산업화과정에서 계층구조에 따른 계층이동은 매우 활발한 양상을 보였다. 1960년대 세대 간 직업이동률은 상승이동률 28%, 하강이동률 29%의 높은 이동률을 나타냈고, 세대 간 학력이동율은 상승이동율 73%, 하강이동율 12%

개발계획'(MDT)를 추진한 결과였다(Cheng 1992, 61-62). 이는 한국과 달리 중소기업 중심의 수출성장전략을 선택한 것과도 연동된 것이었다.

를 나타냈다(이상백. 김채윤 1966; 이혜영 1991, 578; 이정규 2003, 136),
1970년대 계층세습률은 하층에서 가장 높았고(52.8%), 상층에서 가
장 낮았다(29.0%). 이는 본격적인 산업화와 함께 교육팽창이 이루어
졌던 1960년대와 1970년대 이렇게 활발한 사회이동에서 직업은 중
요한 요소였고, 이러한 직업이동에 대한 결정적인 변인으로 '학력'이
작동하고 있음을 보여주고 있다.

한국의 '높은 교육열'은 이러한 학력에 의한 불평등구조속에서 역설
적으로 불평등의 유력한 탈출구로서 교육과 학력으로 대중의 관심이
집중되는 사회현상이었던 것이다. 이러한 의미에서 소위 "개천에서
용났다"라는 말로 상징되는 경제적 위계사회속에서 상층계급으로의
편입이 가능한 사회는 능력주의체제를 강화시키는 지위상승 욕구를
강화하는 사회체제를 공고화했다.

### 4) 다중격차와 빈곤의 저변화

한편, 1960년대 본격적인 성장과 더불어 경제적 불평등 문제가 가
장 현저하게 드러나는 지점은 바로 '빈곤'의 문제였다. 이때 빈곤이란
물론 낮은 소득을 의미하는 것으로 기본적인 생활기준이 충족되지

〈표 2.5〉 발전국가 시기 절대빈곤율 추이

|  | 전국 | 도시 | 농촌 |
|---|---|---|---|
| 1965 | 40.9 | 54.9 | 35.8 |
| 1976 | 14.8 | 18.1 | 11.7 |
| 1980 | 9.8 | 10.4 | 9.0 |

출처: 서상목 외 1981; 이두호 외 1991, 169에서 재인용.

못한 상태를 의미한다.

이러한 한국사회의 전통적인 빈곤 양태는 앞에서 살펴본 도시의 형성과 성장제일주의에 입각한 경제발전전략, 학력을 매개로 한 임금과 소득격차 등 다양한 차원의 빈곤함수가 상호작용하며 나타난 사회현상이자 사회정책 부재의 결과물이었다.

그런데 위와 같은 격차의 다중화는 이러한 빈곤을 저변화하고 확대하는 결과를 낳고 있다. 예컨대 임금소득으로 통해 생활기준이 충족되지 못하는 상태가 지속된다는 것은 과거의 생애주기과정을 통해 획득되는 생활양식의 파괴를 의미한다. 즉 소득의 부족이라는 빈곤의 원인이 자산에 의한 소득의 결정력, 이른바 세습자본주의 경향이 강화되는 과정에서는 1997년 경제위기 이후 하나의 빈곤형태로 정형화된 '근로 빈곤'의 확장을 가져오고, 이는 한국사회의 새로운 빈곤의 이중화 구조로 작동할 것이라는 점이다.


## 3. 발전국가의 불평등 관리 방식

서두에서 언급했듯이, 경제성장과 불평등의 관계는 정치경제학의 고전적 주제이지만 일반화하기 어려울 정도로 국가별로 다양한 패턴을 보인다. 북유럽과 같이 시장의 불평등을 거스르는 발전전략을 택하는 경우도 있었고, 독일처럼 이른바 조정시장경제 혹은 사회적시장경제를 경제모델로 정착시킨 사례도 있다. 한국에서는 발전국가라는 정치경제체제의 성격이 경제성장과 불평등의 관계를 주조했고, 이 과정에서 불평등의 심화를 체제 안에서 끌어안는 이른바 불평등에 기반하고 불균등을 하나의 성장동력으로 하는 메커니즘을 구조화했다. 발전국가적 불평등 관리방식은 성장의 패턴, 국가의 경제통제력, 발전국가의 표준성 등 크게 세 가지에 의존했다.

첫째, 성장의 패턴이 소위 낙수효과를 실현했다. 한국은 공유성장(shared growth)가 이루어져 경제발전 초기부터 불평등이 심화되지 않은 사례로 꼽힌다(World Bank 1993). 성장의 과실이 비교적 골고루 뿌려지게 된 데에는 거의 완전고용 수준에 이른 노동력의 수급이 결정적인 역할을 했다. 경제개발 초기에 매우 낮은 수준에 머물렀던 노동소득분배율은 더디지만 꾸준하게 상승해갔다. 물론 그 이면에는 재분배체제가 거의 작동하지 않아 오직 노동소득을 통해서만 국민들이 자신의 삶을 지탱할 수 있었다는 사실에도 주목해야 한다.

둘째, 국가의 경제통제력이다. 발전국가라는 용어 자체에서 암시하듯 한국의 국가는 경제발전 과정에서 거대한 컨트롤 타워로 기능했다. 국가는 재벌을 통제할 수도, 노동을 억압할 수도 있었다. 수출주도 성장에서 가격경쟁력을 확보하기 위해서는 생산가격을 낮추기 위해 임금인상을 극도로 억압할 필요가 있었다. 강력한 국가는 임금인상을 정치적으로 강요했고, 이는 의도하지 않게 임금불평등을 억제하는 효과를 가졌다.

셋째, 발전국가적인 생애주기(lifecycle)의 표준성이 확보될 수 있었다. 경제성장의 압축성은 농업사회에서 산업사회로 급격한 이동을 수반했는데, 농민의 아들·딸이 산업노동자로 변신한 다수가 교육, 취업, 결혼, 출산 등 생애주기에 걸쳐 예측가능하고 안정적인 생활이 가능해졌다. 공장에서 보내는 일상이 당장 어렵고 힘들더라도 묵묵히 견뎌내면 대다수 구성원들은 소박한 표준성을 성취할 수 있었다. 개천에서 용이 나온 것보다 더 중요한 것은 이무기도 무더기로 쏟아졌다는 것이다.

이 세 가지 발전국가적 불평등 관리방식에 힘입어 "승강기 효과"가 실현되었다. 승강기 효과란, 2차대전 후 독일에서 불평등이 여전하거나 오히려 심화되고 있음에도 불구하고 사람들이 엘리베이터를 탄 것처럼 생활수준이 전반적으로 높아졌기 때문에 불평등의 체감도가 낮은 현상을 가리킨다(Beck 1986, 121ff). 개발독재는 절대빈곤으로부터의 탈피를 지상과제로 삼고 이를 실현하는 데 성공했다.

그러나 발전국가적 불평등 관리방식은 개발독재라는 조건에서만 작동할 수 있었던 역사적으로 특수한 형태였다. 엘리베이터가 가동되려면 경제성장의 패턴, 국가의 강력한 경제통제력, 대다수의 표준적 삶이 하나의 유기체처럼 결합되어야 한다. 어느 한 군데에서 빨간 불이 들어오면 다른 곳에서도 연쇄적인 정체를 일으킬 소지를 안고 있다. 대표적인 것 중 하나가 대-중소기업 관계다. 개발시대 재벌 위주의 경제성장 전략으로 인해 중소기업의 성장 기반은 대기업과의 수직적 분업구조 속에서 하도급거래에 크게 의존한다. 불균등 성장의 특징 중 하나이기도 한 이러한 수직적 계열화는 적절히 관리되지 못할 경우 기업 규모별 양극화가 노동시장의 양극화로 이어질 소지를 안고 있는데, 불행히도 그 가능성은 현실이 되었다(홍장표 2014). 발전국가적 불평등 관리방식의 또 다른 한계는 국가와 재벌의 관계다. 국가는 경제발전전략의 핵심 주체로서 재벌을 의도적으로 키웠고, 재벌은 그 역할을 충실히 수행하면서 덩치를 키워 나갔다. 재벌은 덩치를 키우면서 국가에 대항할 힘도 함께 쌓아 나갔다. 이런 측면에서 발전국가의 성공은 스스로 발전국가의 소멸을 낳을 요인을 스스로 잉태하는 경향이 있다.

발전국가적 불평등 관리방식의 또 하나의 취약성은 밑으로부터의 격차 조절양식을 발달시키지 못했다는 점이다. 발전국가에서 거의 유일한 불평등 조절자는 국가의 규율이었다. 경제개발의 부동산 투기 효과, 임금억제의 의도하지 않은 소득 불평등 완화 효과 등 국가는 격차를 생산하거나 억제하는 기제를 사실상 독점했다. 격차를 생산하든 억제하든 거의 유일한 행위자는 국가였고, 국가라는 기제 이외에 다른 조절양식의 필요성이 절박하지도 않았다. 이 과정에서 사회 내부에서 격차 조절양식은 발달하지 않았다.

## 4. 불안정한 민주주의 체제의 출발: 87년 민주화와 97년 외환위기 사이

지금까지는 주로 격차영역의 관계변화를 통한 다중격차가 생성되기까지의 전사를 설명했다면, 여기서는 관계변화의 배경으로 작동하는 국가체제와 그 하위범주로서의 경제와 정치체제를 중심으로 다중격차의 양상이 본격화되기까지 민주주의 '이행기'에 대한 특성을 살펴보고자 한다.

### 1) 정치의 자유화와 경제의 자유화

1980년대 이후 한국은 경제자유화 정책을 전면적으로 실시했고, 87년 이후 더욱 가속화되었다. 87년 민주화는 정치의 민주화, 즉 억압적 권위주의체제에서 선거를 통한 민주주의체제로의 전환을 의미하는 것이었지만, 민주화의 대리인으로서의 이른바 '제도권 민주화세력'은 경제자유화에 대한 입장에서 권위주의 정치세력과 큰 차별성을 갖지 않았다. 즉, 87년 민주화는 공민권의 회복이라는 정치적 의미 이면에 자본의 자유화라는 또 다른 정치적 의미를 내포하고 있었다. 이러한 측면에서 한국의 민주주의 이행이 이른바 '협약에 의한 이행'(transition by pact) 혹은 '거래에 의한 이행'(transition by transaction)—야당과 사회운동진영의 직선제 개헌 요구에 대한 집권세력의 '6.29선언'으로의 대응,—이었기 때문에 권위주의체제의 유제들이 상당 정도 존속한 '지연된 민주화'(delayed democratization), '부분적 제도화'를 넘어서지 못했다(윤상철 1997, 3~4). 즉, 절차적 민주주의의 최소강령에 기반한 보수적 민주화 이행이 이후 민주주의 공고화 혹은 심화를 위한 정치적·제도적 진전을 제약했다.

'87년 민주주의 이행기'에서 정치의 자유화와 민주화에 대한 배타적 강조는 이행기의 성격이 발전국가에서 신자유주의 국가로의 옮겨가는 하나의 국면이었다는 점을 간과하기 쉽다. 한국의 발전국가는 경제성장을 위한 국가의 강력한 시장개입 및 자본세력과 함께 강력한 반공지배연합을 구축하면서 반공과 경제성장을 분리될 수 없는 하나의 목표로 제시하며 성장해왔다. 그리고 이러한 국가에 의한 자원배분은 재벌의 지대추구와 정경유착을 심화시켰으며(지주형 2011, 48), 지역 간, 도농 간, 대기업과 중소기업 간 격차와 불균형을 동력으로 성장제일주의의 경제발전전략에 몰입하는 국민동원체제를 형성시켰다.

하지만 1970년대 후반부터 발전국가 시기의 높은 인플레이션과 낮은 금리, 부동산투기, 경상수지 적자는 권력블록 내부에서 물가안정과 규제보다는 민간자율, 봉쇄보다는 수입개방으로 경제운용의 방향을 변화시켜야 한다는 흐름을 만들었고(지주형 2011, 113), 이러한 경제정책의 방향은 우여곡절이 있었지만 정부에 대한 대기업의 자율성으로, 제2금융권을 중심으로 한 산업자본의 금융자본으로의 변화를 만들어냈다. 이렇듯 1987년부터의 민주주의 이행기는 이러한 독점재벌의 국가로부터의 자율성이 강화되는 또 다른 자유화의 경로였다.

### 2) 다중격차의 시각에 본 87년 체제

박정희 정권과 전두환 정권기 격차와 불평등의 양태는 소득, 자산, 교육 등의 개별 불평등 영역이 다차원적으로 편재되어 각각의 메커니즘을 확립해 나갔던 시기라고 할 수 있다. 물론 소득격차의 결정요소로서 학력과 기업규모 등의 요인들이 밀접한 관련을 가지고 있었으나, 역설적이게도 학력의 중심으로 한 사회이동도 활발하게 발생하는 매우 유동적인 사회였다. 즉 '능력주의'(meritocracy)[15]가 사회 전반에 걸쳐 신분이동을 가능하게 한다는 생각이 사회를 지배하는 이념으로 작동했던 것이다.

87년 체제는 한국의 전통적인 능력주의에 대한 믿음과 일련의 교육개혁을 통해 학력 경쟁을 더욱 심화시켰다. 또한 부동산을 중심으

---

**15** 능력주의란 모두에게 기회는 공평하게 제공되며, 타고한 계층배경이나 부모의 사회경제적 지위와 상관없이 오로지 개인의 능력에 따라 보상을 제공한다는 일종의 사회적 믿음이자 이데올로기다. 하지만 능력(merit)은 개인이 갖고 있는 특징이며 능력주의는 사회가 갖고 있는 특징이다(맥나미 외 2015, 12).

로 한 자산불평등도 가속화되어 이른바 '강남신화'의 지속을 통한 강력한 학벌체제의 강화로 이어지게 되었다.

### 3) 다중격차로의 전환점이 된 96-97년 외환위기

불평등과 격차는 경제구조를 토대로 발현되는 사회현상이기도 하지만, 그 제도적 결정의 정치의 영역이기도 하다. 이러한 측면에서 정치적 민주주의로 상징되었던 87년체제는 사회경제적 불평등과 격차의 공고화로 상징되는 97년체제로 전환되었는데, 전통적인 불평등과 격차의 메커니즘이 양극화에서 노동시장의 양극화와 이중화의 문제로 구조화되었다. 이러한 체제전환의 변곡점은 이른바 정부주도의 노동법개정 작업이었다. 즉 기존 노동체제의 개혁대상이었던 제3자 개입 금지, 복수노조금지, 노조의 정치활동 금지 등 이른바 '3금 조항'을 삭제하고, 파견근로제를 제외한 정리해고제 및 변형근로제를 도입함으로써 IMF 경제위기를 배경으로 한국사회는 불평등체제의 구조변화를 겪게 되었다.

이러한 과정은 다음과 같은 불평등과 격차 사이의 다차원성이 더욱 긴밀하게 응집되는 효과를 가져왔다. 즉 전통적인 소득과 자산관계에서 자산의 역할이 더욱 커지면서 1980년 이후 부동산 및 자산계급의 형성으로 구조화된 불평등 양태가 더욱 공고화되는 사회경제적 기초로 작동하게 되었다. 즉 소득과 자산의 응집도가 더욱 견고해진 것이다.

교육격차의 문제 역시 학력과 학벌의 문제에서 노동시장 이중화를 배경으로 기회의 박탈이라는 더욱 근본적인 영역으로 진입하게 되었다. 이러한 다중격차의 공고화는 결국 빈곤의 저변화와 사회이동의 부재라는 사회구조로의 전환을 의미한다.

## 참고문헌

강병익. 2016. "다중격차와 한국정치," 전병유 외.『다중격차, 한국사회 불평등 구조』. 페이퍼로드.

김규. 1998. "한국의 교육이 임금분배에 미치는 효과."『산업경제연구』11(1).

김상조. 2012.『종횡무진 한국경제: 재벌과 모피아의 함정에서 탈출하라』. 오 마이북.

남상호. 2015. "소득분위별 소득·자산 결합분포 분석: 중고령자가구를 대상으로."『보건·복지 Issue & Focus』290.

맥나미, 스티븐 J·밀러 주니어, 로버트 K. 김현정 옮김. 2015.『능력주의는 허구다』. 사이.

맥마이클, 필립. 조효제 옮김. 2013.『거대한 역설: 왜 개발할수록 불평등해지는가』. 교양인.

박강우. 2014. "한국 학력별 임금격차의 요인분해(1974~2011)."『산업경제연구』27(1).

박세일. 1983. "학력별 임금격차의 발생원인과 변화과정분석." 한국개발연구원.

박훤구. 1983. "한국의 직종별 임금격차." 한국개발연구원.

보건사회부 사회보장심의위원회. 1968.『사회개발: 기본구상(시안)』(제1집). 보건사회부.

보울스, 새뮤얼 외. 최정규 외 옮김. 2009.『자본주의 이해하기: 경쟁.명령.변화의 3차원 경제학』. 후마니타스.

서상목 외. 1981.『빈곤의 실태와 영세민 대책』. 한국개발연구원.

손낙구. 2005. "통계로 보는 부동산 투기(1)." 프레시안(6.13). http://www. pressian.com/news/article.html?no=30595

신광영. 2013.『한국 사회 불평등 연구』. 후마니타스

유철규. 2009. "80년대 후반 이후 경제구조 변화의 의미." 김종엽 엮음.『87년 체제론』. 창비.

이대근. 1987.『한국경제의 구조와 전개』. 창작과비평사.

이두호 외. 1991.『빈곤론』. 나남.

이정우. 2011. "개발독재가 키운 두 괴물, 물가와 지가." 유종일 엮음.『박정희의 맨얼굴』. 시사IN북.

주학중. 1982a.『한국의 소득분배와 결정요인(상)』. 한국개발연구원.

주학중. 1982b.『한국의 소득분배와 결정요인(하)』. 한국개발연구원.

줄레조, 발레리. 2007.『아파트 공화국』. 후마니타스.

지주형. 2011.『한국 신자유주의의 기원과 형성』. 책세상.

최상호. 2004.『지방시대 지역사회개발론』. 박영사.

피케티, 토마. 장경덕 외 옮김. 2014.『21세기 자본』. 글항아리.

하원 국제관계위원회 국제기구소위원회. 2014[1978]. 김병년 옮김.『프레이저 보고서』. 레드북.

한국교육개발연구원. 2010.『교육과 사회계층이동 조사연구(III): 교육계층화와 사회이동 추이분석』. 한국교육개발연구원.

한국주택학회. 2016.『한국의 주택금융 70년』. 한국주택금융공사.

한종수·강희용 2016.『강남의 탄생』. 미지북스.

홍장표. 2014. "대·중소기업과 저진로 양극화 성장." 이병천·신진욱 편.『민주정부 10년, 무엇을 남겼나』. 후마니타스.

황덕순. 2014. "거시경제구조 변화와 노동소득분배율의 관계: 한국과 OECD 국가들의 비교를 중심으로." 이병희 외.『노동소득분배율과 경제적 불평등』. 한국노동연구원.

Barrett, Richard E. and Chin, Soomi. 1987. "Export-Oriented States in the World System." in Frederic C. Deyo, ed. 1987. *The Political Economy of the New Asian Industrialism*. Ithaca: Cornell University Press.

Beck, Ulrich. 1986. *Risikogesellschaft*. Frankfurt am Main: Suhrkamp

Chan, Steve, Cal Clark and Danny Lam. eds. 1998. *Beyond the Developmental State: East Asia's Political Economies Reconsidered*. New York: St. Martin Press.

Cheng, Tun-jen. 1992. "Dilemmas and Choices in Educational Policies: The Case of South Korea and Taiwan." *Studies in Comparative International Development* 27(4).

Gereffi, Gary. 1990. "Paths of Industrialization: An Overview," in Gary Gereffi and Donald L. Wisman. eds. *Manufacturing Miracles: Paths of Industrialization in Latin America and East Asia.* Princeton: Princeton University Press.

Haggard, Stephan and Kaufman, Robert R. 2008. *Development, Democracy, and Welfare States: Latin America, East Asia, and Eastern Europe.* Princeton: Princeton University Press.

World Bank(1993). *The East Asian Miracle.* Oxford: Oxford University Press.

# 3장

## 다중격차의 확대와 구조화
## : 1997년 이후의 불평등

## 1. 불평등의 구조화 개념, 다중격차

한국 현대사는 1997년에 예리한 변곡점을 맞이한다. 보통 한국사회에 근본적 변화를 낳은 사건이 일어난 해를 기준으로 "몇 년 체제"라는 용어를 붙여왔다. 대한민국이 수립된 1948년, 박정희 정권이 들어선 1961년, 민주화를 가져온 1987년이 대표적이다. 1997년이 현대사 시기 구분에서 중대한 전환점이었다는 점에 대체로 합의가 이루어져 있기 때문에 "1997년 체제"라는 용어가 널리 쓰이고 있다. 다양한 학문 분과에서 서로 다른 관점들이 1997년 체제 논쟁에 등장했지만 "신자유주의"라는 용어가 약방의 감초처럼 나타났고, 그 이후 사회경제적 불평등이 심화되었다는 데에는 최소한의 공감이 모아졌다. 신자유주의와 불평등은 '절친'인가 보다. 그렇다. 1997년 이후 한국의 불평등은 신자유주의의 흐름을 타고 2장에서 본 바와 같이 여러 차원에 걸쳐 급격하게 악화되어 왔다.

지난 20년 동안 한국의 불평등 구조에 새롭게 나타난 현상은 개별 불평등이 영역을 확장하는 과정에서 서로 체계적으로 중첩되어가고 있다는 것이다. 여러 차원의 불평등 가운데 한국에서 가장 영향력이 큰 것으로 소득·자산·교육을 꼽을 수 있다. 소득은 개인과 가구에게 생존의 물질적 기반임과 동시에 자산을 형성할 수 있는 재원이 되기도 한다. 자산은 소득으로부터 취득할 수도 있지만 유산으로 물려받을 수도 있고, 이자나 배당과 같은 금융자산 소득과 월세와 같은 부동산자산 소득의 원천이기도 하며, 나아가 상속을 통해 후대에 물려줄 수도 있다. 소득과 자산은 아이들의 성적을 높여주는 학원에 보낼 수 있게 하고, 아이들이 성적이 좋으면 명문대에 들어가 졸업 후 좋은 직장에 취업하여 다시 고소득을 올릴 수 있다. 소득·자산·교육은 이처럼 따로 떨어져 있는 것이 아니라 밀접하게 연관되어 가고, 그 연관성은 더 깊어지고 있는 것으로 보인다. 우리가 다중격차라는 개념으로 포착하려는 현상은 바로 다차원적 불평등의 체계적 중첩이다. 다중격차는 경제위기 이후 소득, 자산, 교육을 삼각축으로 삼아 똬리를 틀게 되었다.

다중격차는 이미 우리의 삶에 깊숙이 침투해 있다. 굳이 다중격차라는 용어를 들이대지 않더라도 소득, 자산, 교육 등 여러 차원의 불평등 영역이 서로 얽혀들어 가고 있다는 사실을 부인하기는 어려울 것이다. 하지만 1장에서 언급한 바와 같이 다중격차에 대한 사회과학적 개념화·이론화는 이제 막 걸음마 단계에 들어섰을 뿐 미지의 공간이 광활하다. 4장은 미지의 공간 중 일부를 다룬다. 먼저 다중격차가 형성된 배경과 맥락을 경제, 권력, 일상생활로 나누어 조명하고(2절), 이를 배경으로 소득·자산·교육 등 다중격차의 삼각축이 어떤 계기로 친교하게 되었으며, 그 친교가 얼마나 깊어지고 있는지를 밝힌다(3절). 다중격차 삼각축의 관계가 다시 외부환경과 어떻게 결합되어 있는지를 살펴봄으로써 다중격차의 거시구조를 드러내고(4절), 발전국가 시기의 불평등과 다중격차를 비교하고 현재 우리가 직면하고 있는 다중격차의 사회적 의미를 제시할 것이다(5절).

## 2. 다중격차의 형성배경

### 1) 경제위기 이후 불평등의 환경 변화

경제위기를 맞은 김대중 정부가 추진한 경제위기 대응정책을 관통하는 기조는 신자유주의로 요약할 수 있다. 한국에서 신자유주의의 기원은 박정희 정부 말기의 경제안정화 종합시책과 전두환 정권 시기로 거슬러 올라가 찾을 수 있지만(지주형 2011), 신자유주의가 날개를 활짝 펴게 된 계기는 경제위기였다. 김대중 정부 말기에 재정경제부가 내놓은 보고서에서 4대 부문 12대 핵심 개혁과제를 아우르는 말은 "시장원리에 입각한 상시적 구조조정"이었다(재정경제부 2002, 18). 김대중 정부 신자유주의적 기조에 충실하게 집행한 정책의 특징은 자유화·개방화·유연화·사유화로 요약할 수 있다(이병천 2014).

국가 위기사태에 대한 김대중 정부의 대응이 신자유주의로 가닥을 잡은 것은 어쩔 수 없이 강요된 측면이 있다. IMF의 보따리에는 빌려줄 달러화뿐만 아니라 신자유주의라는 방향지시등도 함께 들어 있었다. 그러나 불가항력이 모든 것을 설명하지는 못한다. 자본주의 다양성론이 주장하는 것처럼 시장경제도 여러 형태가 있다. 1997년은 한국 자본주의가 어떤 자본주의로 방향을 잡을 것인지를 결정하는 중대한 분기점이었다. 그러므로 '어떤 시장경제를 형성할 것이냐'라는 무거운 문제를 해결해야 하는 것도 정치적 과제 중 하나다(Lütz & Czada 2000). 김대중 정부도 이런 정치적 과제에 나섰으나 그 과제를 해결하는 방향, 즉 어떤 시장경제인지에 대해서는 당시 세계를 풍미했던 신자유주의를 거의 그대로 수용했다. 아니, 신자유주의에 '인지 포획'되어 그것이 최선이라고 생각했을지 모른다.

신자유주의에 입각한 김대중 정부의 개혁은 외환위기 극복과 국가 신인도 제고라는 공을 남겼지만 씻기 어려운 상처도 남겼다. 대통령 기록관의 홈페이지에 명시된 김대중 정부의 경제정책에 대한 비판적 평가를 그대로 인용하면 다음과 같다.

〈글상자 3.1〉 김대중 정부 경제정책에 대한 비판적 평가

> - 시장경제를 강화하여 자본주의적 모순이 심화됨: 금융시장과 자본시장의 완전 개방에 따른 혼란이 야기됨으로써 경제구조가 취약해짐
> - 재벌경영이 합리화됨: 왜곡된 시장을 개혁하기 위해 재벌개혁을 단행하였으나 중장기적인 목표의 부재로 단기적인 효과만 가져오는 일방적인 정책이 되어버림
> - 정리해고제 도입 등을 통해 대량 실업 초래: 구조조정 때문에 중산층 붕괴
> - 국제금융자본을 대량으로 유입함으로써 대외적 종속과 경제 불안정이 심화됨
> - 경제위기 심화, 일방적인 구조조정, 실업 확대, 노동탄압 등으로 사회적 대립이 심화됨
> - IMF의 원인을 재벌들의 과잉투자로 보고, 과잉투자를 줄이기 위해 경쟁기업의 합병과 자기자본비율을 높이는 방법을 선택, 그러나 재벌들이 과잉투자를 하게 만든 국가의 자원배분구조를 정상화하지 않아 국민경제의 자본효율성을 극도로 악화시킴

출처: 대통령 기록관. http://www.pa.go.kr/research/contents/policy/index020602.jsp

이러한 평가는 다소 거칠게 표현되어 있지만 사회경제적 불평등이 확대되는 맥락을 그대로 보여주고 있다. 1990년대 후반에 맞은 경제 위기와 이에 대한 대응정책을 기점으로 한국의 정치경제체제는 새로운 국면에 진입했다. 신자유주의에 입각한 경제의 구조개혁은 장기적으로 한국 자본주의를 불평등에 친숙하게 만드는 여러 기제를 심어 놓았다. 다중격차가 형성되는 맥락과 경로는 정치, 경제, 사회 전반에 걸쳐 다층적으로 전개되었기 때문에 한 눈에 담아내기에는 덩치가 너무 크지만, 경제구조, 권력, 일상생활로 나누어 보면 〈그림 3.1〉과 같이 요약할 수 있다.

〈**그림 3.1**〉 불평등 환경의 변화: 경제, 권력, 일상생활

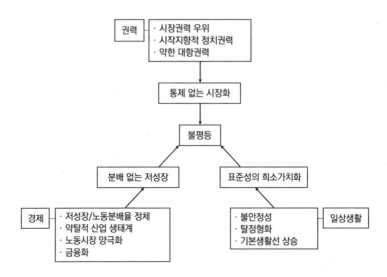

첫째, 한국경제의 체질이 급격하게 바뀌었다. 우선, 경제성장률이 현저하게 낮아졌다. 1970년부터 1997년까지 연평균 9.2%였던 경제 성장률은 2000년부터 2016년에는 4.2%로 반토막 이하로 뚝 떨어졌 다(통계청 자체 계산). 저성장의 고착과 아울러 노동소득 분배율이 정체 상태를 벗어나지 못하고 있다. 노동소득분배율은 1998년 80.4%에 서 증가세를 멈춘 이후 지속적으로 낮아지고 있다(이병희 2014, 28).[1] 구조조정을 통해 체질이 강화된 재벌은 "약탈적 산업생태계"에서 높 아진 지배력을 한껏 발휘한다(송원근 2016). 노동시장은 약탈적 산업 생태계를 받아 안아 대기업의 자본집약적 고부가가치 부문과 중소기 업의 노동집약적 저부가가치 부문으로 나뉘었다(홍장표 2014). 유연 화가 급격하게 진행된 결과, 노동시장은 기업 규모뿐 아니라 업종과 고용형태에 따라 양극화되어 갔다. 자본축적의 금융화는 과도한 진 단일지 모르나 실물자본에 비해 금융자본의 덩치가 커졌다.

둘째, 권력관계가 바뀌었다. 시장권력·정치권력·사회권력 사이의 역학관계에서 시장권력 우위가 관철되는 방식으로 재편되었다. 개발 독재 시기에는 국가가 사회를 규율했다면(조희연 2010), 이제는 자본 을 축으로 하는 시장권력이 국가의 영향으로부터 벗어나 독자적인 권력기반을 갖추게 되었다. 정치권력은 민주정부와 보수정부를 가 릴 것 없이 시장지향성을 줄곧 강화해왔다. 이명박, 박근혜 정부는 물 론이고 경제위기 대응에서 신자유주의 기조를 관철한 김대중 정부 도 시장친화적이었다. "이제 권력은 시장으로 넘어 갔습니다"라는 노

---

1    여기서 노동소득분배율은 자영업자 소득을 전부 자본소득으로 간주하는 한국은 행의 임금소득분배율에 노동집약적인 자영업 부문을 보정한 통계다(이병희 2014, 11~15).

무현의 무기력한 고해성사는 시장의 형성이라는 정치적 과제수행의
의지와 능력을 의심하게 만들었다. 잠재적인 대항권력인 노동조합은
조직률이 10%선에 머물고 있다. 한국 사회 전반에 걸쳐 권력은 시장
이 활동하기 좋은 모양새를 갖추어 왔다.

셋째, 일상생활에서 주목할 만한 변화는 표준적 삶이 희소해지고
있다는 것이다. 신자유주의의 정치경제학은 매일매일 살아가는 '보
통 사람'의 삶을 바꾸어 놓고 있다. 노동시장의 불안정과 유연화는 삶
의 안정성을 현격하게 떨어뜨리고 대다수의 삶이 불안정해진 주요
원인이다. 이제 실업(특히 청년실업)은 예외적인 사건이 아니라 구조적
인 일이 되었고 평생직장은 희망사항이 되었으며, 노동자라 하더라
도 비정규 고용형태가 늘고 비정규와 실업을 들락날락하는 사람들도
많아졌다. 이른바 '프리카리아트(precariat)'가 등장했다. 삶이 불안정
해진다는 것은 생애주기의 표준이 흔들린다는 것을 뜻한다. 태어나
면서부터 보육-교육-취업과 경제활동-연애-결혼-출산-은퇴에 이
르는 생애과정이 탈정형화되고 있다(박경순 2011; 우해봉 2013). 기본
생활선의 상승은 불안정성과 탈정형화를 부추겼다. 소득은 정체되는
가운데 생애주기의 각 국면에서 직면하는 필수재의 가격은 높아지고
있다. 어린이집과 유치원, 대학등록금, 집값 등, 아이들의 성적과 월
급만 빼고 다 오른다고들 한다. 기본생활선을 가능하게 하는 수준은
소득이 높아지더라도 균형을 맞추기 어려운 형국이 되어가고 있다.

### 2) 발전국가적 격차 조절양식의 해체와 공백

경제구조에서 분배없는 저성장, 권력의 시장친화적 재편, 표준적인

삶의 희소가치화로 인해 발전국가 특유의 불평등 조절양식은 시효가 만료되었다. 제3장에서 본 바와 같이 발전국가적 불평등 조절양식이 작동하려면 공유되는 성장, 시장을 통제할만한 국가의 존재와 의지, 발전국가적인 보편적 표준성이 확보되어야 한다. 하지만 〈그림 3.1〉에서 제시한 바와 같이 경제, 권력, 일상생활의 변화는 이러한 발전국가적 격차 조절양식을 뿌리째 흔들어 놓았다. 저성장과 노동소득분배율의 정체로 말미암아 공유성장은 분배없는 저성장으로 바뀌었다. 시장권력의 강화와 맞물린 시장친화적 국가의 등장으로 국가의 불평등 통제력은 약해졌다. 발전국가적 표준성에 접근 가능한 집단은 줄어들고 국민 대다수의 일상생활에 불안정성이 엄습했다. 모두가 올라탄 승강기는 가동을 멈추었다. 발전국가의 쇠퇴는 동시에 발전국가적 불평등 관리방식의 해체를 의미했다.

반면, 발전국가적 격차 조절양식의 효력상실로 인해 생겨난 커다란 공백을 메울 새로운 격차 조절양식은 개발되지 못했다. 경제·정치·사회 각 분야에서 새로운 조절양식이 성숙하기를 기다리기에는 신자유주의가 침투한 영역은 넓었고 속도는 빨랐다. 노동조합이 대표적인 사례다. 불평등한 자본주의에 민주주의를 심는 가장 강력한 세력 중 하나는 노동이다. 노동이 얼마나 조직화되어 있느냐에 따라 민주주의의 성숙도는 달라진다(Rueschemeyer et al. 1992). 한국의 노동조합은 한때 30%까지 조직률을 끌어 올렸지만 이내 사그라들었다. 연대가 막 꽃을 피우려고 했던 시기, 봄에 피어난 여린 풀잎들이 여름에 햇빛을 듬뿍 받고 물을 빨아 들여 무성하게 자라기 전에 때이른 찬 서리를 맞아 버렸다. 사회 내부에서 불평등에 저항하는 면역체계를 채 갖추기 전에 격차 조절양식의 취약성이 전면에 드러나고 말았다.

경제위기 이후 사회정책이 급속하게 확대되어 격차 조절양식의 새로운 주자로 나선 것은 부인하기 어려운 사실이다. GDP 대비 복지지출의 비중은 2013년에 10%선을 넘어섰다. 여전히 OECD 평균치에 비해 턱없이 부족한 실정이지만, 사회정책 확대를 판단할 때 비교의 준거로 삼아야 할 것은 선진국과의 비교보다는 한국 불평등의 변화 폭과 속도에 대한 대응수준이다. 사정을 감안하더라도 경제, 권력, 일상사에 걸친 변화에 비교한다면 사회정책을 새로운 불평등의 조절기제로 보기에는 체중이 너무 가볍다. 헤비급 선수한테 강펀치를 맞은 플라이트급 선수에게 소염진통제는 너무 검소한 처방이다.

다중격차는 발전국가적 격차 조절양식의 해체와 대안적인 조절양식의 미발달을 배경으로 형성되기 시작했다. 다중격차가 형성되는 경로는 두 가지로 나누어 정리할 수 있다. 하나는 불평등의 중첩을 제어하는 차단막이 봉인 해제되는 것이고, 다른 하나는 불평등의 각 범주를 밀착하게 만드는 새로운 동력이 만들어지는 것이다. 불평등의 중첩을 일으키는 요인들이 과거 불평등 관리방식의 공백을 메우고 들어 왔으니, 두 과정이 거의 동시에 압축적으로 진행되었다.

소득, 자산, 교육 등의 개별 영역에서 불평등이 심화되는 가운데, 이들 다중격차 삼각축을 형성하는 데 결정적인 계기를 마련한 것은 일상생활의 금융화와 사교육이다. 일상생활의 금융화는 소득불평등과 자산불평등이 넘나드는 것을 막았던 차단막을 헐겁게 하는 동시에 데면데면했던 두 불평등이 경계심을 풀고 교류하게 만들었다. 사교육의 확대는 소득과 자산의 불평등이 교육의 불평등으로 연결되는 통로를 넓혔다.

**〈그림 3.2〉** 다중격차의 형성

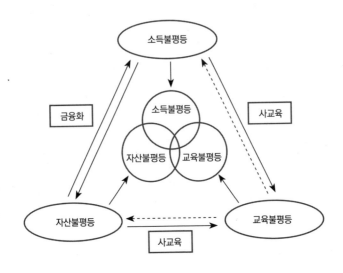

　일상생활의 금융화와 사교육을 다중격차의 주범으로 지목하는 이유는 이들이 불평등의 속성을 바꾸는 데 결정적으로 기여했기 때문이다. 소득, 자산, 교육 등 다중격차의 각 범주들은 다른 범주와 구별되는 독특한 속성(properties)을 가진다. 임금소득 불평등은 개인별 특성(교육 및 숙련수준 등)과 사업체 성격(규모, 업종, 수익 등), 제도(단체협약, 노조의 존재 여부, 최저임금 등)에 각각 영향을 받는다. 자산소득은 금융소득과 부동산 소득으로 나누어 볼 수 있는데, 금융소득 불평등의 주요 독립변수는 이자율과 수익률, 부동산 소득의 독립변수로는 자산가격의 변동, 주택 소유자의 경우 임대형태와 이자율 등을 꼽을 수 있다. 교육 불평등은 학생의 노력과 지적 능력에 달려 있다. 다중격차의 각 범주들은 나름대로의 독립변수로 이루어진 함수라는 점에서 고유한 '문법'이 있고, 이런 의미에서 상대적으로 자율적이다. 1장에서 서술했듯이 다중격차는 개별 불평등 영역 사이에 존재했던 상대적 독립성이 약해지고 한 범주의 불평등이 다른 불평등의 독립변수가 되거나, 독립변수의 계수가 커지는 현상, 즉 범주 간 내생변수화를 뜻한다. 일상생활의 금융화는 소득과 자산 불평등, 사교육은 소득·자산과 교육 불평등 사이의 범주 간 내생변수화에 기여해 왔다.

　요약하면, 저성장과 노동분배율의 정체, 약탈적 산업생태계, 노동시장 양극화와 이중화, 자본축적의 금융화, 주택시장 활성화 등 경제적 변화는 분배없는 저성장과 자산시장의 팽창이라는 경로를 만들어 불평등에 다리를 놓았다. 시장권력의 강화, 시장지향적 정치권력, 약한 대항권력은 통제 없는 시장화를 통해 불평등을 확대할 통로를 열었다. 불안정성 증대, 탈정형화, 기본생활선 상승 등 일상생활의 변화는 대부분에게 열려 있었던 표준적인 삶에 이르는 문을 반은 닫아 놓았다. 이러한 요인들을 배경으로 소득, 자산, 교육의 불평등은 서로 긴밀하게 접촉하게 된다. 소득, 자산, 교육에 걸친 개별 불평등 범주들이 서로서로 문호를 개방하여 한 차원의 불평등이 다른 차원의 불평등과 접촉면이 넓어지고, 자주 소통하며, 강하게 엉겨 붙으면서 다중격차라는 비극은 막을 올린다.


## 3. 다중격차 삼각축의 내부 구조

### 1) 소득-자산 다중격차

개발독재 시기에는 경제개발을 위해 차관과 더불어 내자를 동원할 필요가 있었기 때문에 금융은 대체로 기업과 은행 사이의 대출이 주종을 이루었고, 가계는 저축을 통해 은행이 기업에 빌려줄 재원을 마련해 주었다. 꾸준한 투자수요는 고이율을 낳았고, 대부분 월급을 꼬박꼬박 모아 때가 되면 집을 마련하는 데 성공하는 가계가 많았다. 가계에게 금융과 주택이 연결되는 지배적인 방식은 '저축 기반 자산 취득'이었다. 부동산 투기는 사회문제였지만, 이 때 부동산은 주로 토지를 의미했고 주로 기업과 소수 부유층의 몫이었다.

경제위기 이후 일상생활의 금융화는 소득과 자산의 문지방을 낮추었다. 경제 위기 직후 기업 구조조정과 건전성 규제에 직면한 금융자본은 산업자본에 대한 대출을 통한 예대 마진으로는 가치증식이 어려워졌다. 금융자본이 눈길을 돌린 곳은 가계부문이었다. 한국의 금융화는 "금융적 수단을 통한 자본의 유연화"의 맥락에서 전개되었다(유철규 2008). 시장지향적 정치권력은 금융자본의 필요에 호응했다. 금융규제 완화라는 명목하에 소비자 금융이 활성화되었고, 투자회사가 대거 설립되었으며, 신용카드는 전례 없이 확대되었다. 일상생활의 금융화는 금융적 기준과 가치를 상대적으로 우선시하는 삶의 방식을 뜻한다(Martin 2002). 한국에서 일상생활의 금융화는 경제위기 이후 부채경제와 대중 투자 문화를 확산시켰다(장진호 2014).

일상생활의 금융화 중에서 대중적 삶에 깊숙이 파고 들어온 흐름 중 하나가 주택금융이다. 금융자산과 실물자산은 상대적으로 독립된 영역이었지만 주택금융은 둘 사이에 가교를 놓았다. 부동산 자체가 금융을 매개로 유동자산으로 변화되었다는 점이 일상생활의 금융화의 한국적 특수성 가운데 하나다(장진호 2014). 소유주와 무주택자 가릴 것 없이 주택은 저축으로 취득하는 자산이 아니라, '부채 동원 자산

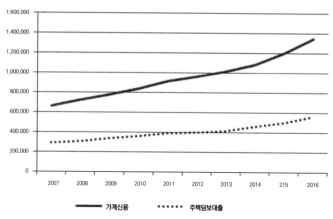

**〈그림 3.3〉** 가계대출 추이 (단위: 십억 원)

가계신용 ━━━━  주택담보대출 ⋯⋯⋯⋯

출처: 한국은행

취득 및 운용수익'을 추구하는 수단으로 변신하게 되었다. 자산가치 극대화 전략이 다수의 행위자에게 확산되었고, 가계대출과 주택담보대출은 〈그림 3.3〉과 같이 급증했다.

주택금융 활성화에 힘입은 자산가치 극대화 전략은 소득과 자산을 둘러싼 주택소유주와 임차인의 이익구조를 〈표 4.1〉과 같이 복잡하게 변경시켰다. 주택소유자가 전세를 놓고 전세금을 금융기관에 맡겼다고 가정해 보자. 금융시장과 전월세 시장에서 가격(이자율, 전월세 가격)을 신호로 받는 자산소득과 주거 불평등은 가격이 오르면 격차가 확대되고, 가격이 낮아지면 격차가 축소된다. 그러나 다중격차의 문법에서는 사정이 다르다. 다중격차의 환경은 금융시장과 전월세 시장이 복합적으로 작용하는 다중시장이며 이자율과 전월세 가격의 상호작용을 신호로 받아들인다. 자산소득-주택 다중격차의 문법은 [자산소득 불평등의 문법 + 주거 불평등의 문법]이 아니라 [자산소득

〈표 3.1〉 주택관계를 통해 본 개별범주의 문법과 다중격차의 문법 비교

| | 개별범주의 문법 | | 다중격차의 문법 |
|---|---|---|---|
| | 자산소득 불평등 | 주거 불평등 | |
| 환경 | 금융 시장 | 전월세 시장 | 다중시장 |
| 신호 | 이자율 | 전월세 가격 | 이자율과 전월세 가격의 상호작용 |
| 메커니즘 | 가격(이자율, 전월세 가격) 상승→격차 확대<br>가격(이자율, 전월세 가격) 하락→격차 축소 | | 예) 이자율 하락 → 전세의 월세 전환 → 주거 불평등 확대 |

불평등의 문법 + 주거 불평등의 문법 + α]가 된다.

이 과정에서 당사자들의 이익구조가 변경된다. 이익구조의 변경은 단일 범주의 불평등에 내재된 이익구조가 다른 범주의 불평등과 결합하면서 복합적으로 변화되는 것을 뜻한다. 개별 불평등이 상호 침투하여 다중격차의 문법이 [자산소득 불평등의 문법 + 주거 불평등의 문법 + α]가 되면 행위자들 사이의 이익구조는 변경된다. 다차원적 불평등이 단지 병존하는 경우 집주인과 세입자의 이익은 이자율에 따른 자산소득 불평등과 전월세 가격을 둘러싼 주거 불평등으로 나뉘는 각각 독립적인 게임이 된다. 세입자가 집주인의 운용수익을 낼 자금을 대주고 집주인의 이익을 실현할 변수는 이자율이었다. 즉, 이익 실현의 주요 결정요인은 집주인과 세입자의 외부에 있었다. 그러나 저금리시대로 접어들면서 이자율과 전월세 가격의 상호작용을 신호로 받아들이는 복합적인 구조가 만들어 졌다. 낮은 이자율이 전세의 월세전환으로 이어지는 순간 집주인과 월세 세입자의 이익갈등은 외부가 아니라 월세금액 그 자체에 있다. 즉, 외부에 있던 이익의

실현 메커니즘이 내부화된 것이다. 달리 표현하면 이익갈등이 간접적인 형태에서 직접적인 형태로 바뀌면서 당사자 외부에 있었던 이익 실현 메커니즘이 내부화되는 것이다.

여기에서 두 가지 구조적 경향을 도출할 수 있다. 하나는 주택을 둘러싼 소득과 자산 불평등은 외부 여건, 특히 자산가치의 변동에 큰 영향을 받는다는 점이다. 즉 주택가격이 올라가면 소득과 자산의 다중격차가 악화되고, 그 반대면 반대 경향이 나타날 수 있다. 2000년대 초반에 아파트 가격이 급등하면서 소유주는 앉아서 돈을 벌고, 무주택자는 무작위로 인한 손해를 감수해야 했다. 다른 하나는 주택 소유자는 임차인에게 자신의 손해나 부담을 전가시킬 구조가 만들어진다는 것이다. 이 경우에서 보는 두드러진 특징은, 금융화에 힘입어 소득의 자산화와 자산의 소득화가 매우 민감하게 연동된다는 것이다.

다중격차의 고유한 문법이 항상 불평등을 심화시키는 것은 아니다. 그 결과는 세 가지 경우를 생각해 볼 수 있다. 하나는 동반축소로서 한 범주의 격차 축소가 다른 범주의 격차 축소와 함께 나타나는 경우이고, 다른 하나는 범주간 교환으로서 한 범주의 불평등 확대가 다른 범주의 불평등 축소 혹은 그 역의 관계가 성립하는 상쇄(trade-off) 관계이며, 마지막은 동반상승으로서 한 범주의 불평등 확대가 다른 범주의 불평등 확대를 가져오는 경우다. 불행히도 우리는 동반축소나 상쇄보다는 동반악화가 흔하다는 것을 체감하고 있다. 그것은 다중격차의 변동이 외부 시장 상황의 변동에 의존하더라도 임대인은 임차인에게 손해를 전가시킬 수 있는 구조가 만들어지기 때문이다.

변경된 이익구조는 당사자의 행위패턴에 영향을 미치기 마련이다. 낮은 이자율에 직면한 집주인은 변경된 이익구조하에서 전세를 유지할 경우 자산의 운용소득을 기대하기 어렵다. 이자율이 떨어지면 주택소유자에게는 자산소득을 실현할 가능성이 낮아지고 전세를 월세로 전환하여 소득상실분을 벌충할 인센티브가 생겨난다. 집주인의 품성이 소박하다면 모를까 합리적 행위자라면 손실분을 보상할 곳을 전세의 월세 전환에서 찾을 것이다. 전세를 유지하는 경우와 전세를 월세로 바꾸는 경우의 이익은 후자가 더 크기 때문이다.

허시만(Hirschman 1970)의 대응이론에 대입해보면, 집주인이 자산소득의 손실분을 세입자에게 전가할 때 세입자의 선택은 셋 중 하나다. 낮아진 이자율을 이용하여 금융의 손길을 빌어 자가 소유자로 변신하거나, 전세금을 올려 주면서 전세를 유지하거나 전세의 월세전환을 수용하는 것이다. 자가 소유자로의 변신은 전세로부터의 탈출(exit)로서 다중격차 구조의 상층단위로의 편입에 해당하지만 이 선택은 이익구조가 바뀌지 않았다면 하지 않아도 될 대출이라는 금융부담을 추가로 안게 만든다. 두 번째의 선택은 다중격차의 문법에 대한 저항(voice)이다. 그러나 이 선택은 1번과 마찬가지로 추가적인 금융부담이라는 희생을 치른다. 세 번째의 선택은 다중격차의 문법에 순응(loyalty)하는 것이다. 이 경우에는 추가적인 금융부담은 없지만 다른 소비에 배분할 수 있는 소득을 월세에 쏟음으로써 소득불평등을 악화시키는 2차 파급효과를 낳는다. 어떤 선택을 하든 세입자는 이득을 내기 어렵다. 변경된 게임의 규칙 하에서 집주인은 어떻게 하면 더 이득을 볼 수 있느냐의 게임이지만, 세입자는 어떻게 하면 손해를 덜 볼 수 있느냐의 게임이다.

변경된 게임의 규칙에 적극적으로 참여하는 것이 그렇지 않은 경우보다 더 큰 이익을 낳는 과정이 반복되면 다중격차는 수확체증의

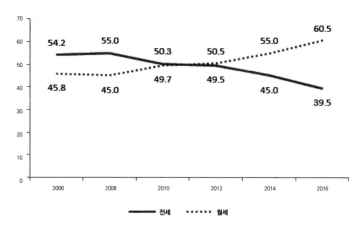

**〈그림 3.4〉** 주택 임차형태의 상대적 구성비 추이 (단위: %)

출처: 국토연구원(2017).

메커니즘을 실현한다. 다중격차가 구조화되는 정도는 수확체증의 메커니즘을 얼마나 반복적으로 실현하느냐에 달려 있다. 처음에는 몇몇 사람들이 변경된 이익구조와 기회구조에 올라타겠지만 이것이 자신에게 이득이 되는 합리적 선택이라는 인식이 널리 퍼져 나가면 너도 나도 변경된 구조의 논리를 받아들이고 행동하게 될 것이다. 주택 소유자 다수가 변경된 게임의 규칙에 참여하고 수확체증을 실현한다면 다중격차는 돌이키기 어려운 틀을 만들어 낸다. 주택 임차형태의 상대적 구성을 보면, 2006년에 56.6%였던 전세가구의 비중은 2014년에 45.8%로 급감한 반면, 같은 기간에 월세가구는 43.4%에서 54.2%로 늘어났다. 자가, 전세, 월세의 삼분할 구도가 자가와 월세로 양극화되고 있는 최근의 상황은 다중격차가 구조로 단단해지고 있다는 것을 시사한다(황규성 2016).

금융은 소득불평등이 자산불평등에 영향을 미치게 하는 통로이지만, 동시에 자산불평등이 소득불평등에 반대방향으로 영향을 미치기도 한다. 금융부채의 증가는 상위층보다는 하위층 가계의 실질적인 가처분소득을 보다 감소시키는 역할을 함으로써 소득불평등을 악화시키는 요인이 되고 있다(원승연 2015). 소득과 자산 불평등은 금융을 매개로 동시에 쌍방향으로 움직인다. 금융화는 '미래 할인'이라는 관행을 심어 놓았는데(강내희 2011), 할인의 폭 역시 소득 계층별로 다르게 나타난다.

## 2) 소득 자산과 교육의 다중격차

한국에서 교육수준은 자신의 사회경제적 지위를 결정하는 중요한 요인 중 하나다. 교육 불평등은 다양하게 정의할 수 있으나, 여기에서는 대학입시와 관련된 학업성취도로 단순화한다. 10명 중 7명이 대학에 진학하여 OECD 최고 수준의 대학입학률을 보이고 있고, 학업성취도에 따라 진학하는 대학이 달라지며, 대학이 사회진출에 매우 중요한 변수라는 한국적 특징을 감안하면 교육불평등은 대학진학 관련 학업성취도의 차이로 보아도 무방할 것이다.

발전국가 시기에 대학진학은 그리 흔한 일이 아니었다. 그 해 고교 졸업자 수 대비 대학진학자수를 의미하는 진학률은 1980년도에 27.2%, 1985년에는 36.4%에 머물렀다(한국교육개발원 2015). 발전국가 시기의 대학입학 정원이 많지 않았다는 점과 가정형편에 따라 대학 진학의 꿈을 접는 경우도 빈번했다는 점에 연유한다. 여염집에서 자식을 대학을 보내는 것은 "우골탑"이라는 말처럼 등록금부터 소 한

마리를 요구했고, 대학졸업은 개인의 입신양명을 넘어 가정의 미래 소득을 보장하는 수단으로 인식되었기 때문에 다른 가족 구성원의 희생을 감수하는 경우도 적지 않았다. 그럼에도 낮은 대학진학률은 큰 사회문제로 불거지지는 않았다. 대학을 나오지 않더라도 다른 길을 통해 표준적 삶에 진입할 수 있는 경로가 넓었기 때문에 경제발전 과정에서 만들어진 일자리가 교육 불평등을 완충하는 역할을 맡았다. 과외를 통해 소득이 교육과 연결되기도 했지만, 그것은 대학입학을 희망하는 자들끼리의 리그에 국한되었다.

발전국가 시기를 지나면서 2000년에는 대학진학률이 68%로 높아졌고, 2008년에는 최고치인 83.8%에 이른 후 줄어들어 2015년에는 70.8%를 기록했다(한국교육개발원 2015). 진학률이 낮아지고 있지만 다른 나라에 비하면 매우 높은 수준이다. 고등교육의 기회가 보편성을 획득하는 과정에서 집안의 자랑거리였던 대학진학은 당연히 거쳐 가는 정거장이 되었다. 대학졸업은 더 이상 표준적 삶의 보증수표가 아니다. 높은 대학진학률에 청년실업이 겹쳐지면서 대학졸업 이외에 다른 경로를 통해 표준적 삶에 진입할 가능성도 거의 사라졌다. 결국, 어느 대학을 졸업했느냐가 인생을 결정짓는 중요한 잣대가 되었다. 10대 후반의 학업성취도는 인생의 나침반이 된 셈이다.

학업성취도에 강력한 영향을 미치는 것 중 하나가 사교육이다. 사교육은 신군부가 들어서 단행한 과외금지 조치로 중단되었다가 1980년대 후반부터 슬금슬금 풀려 나갔다. 1995년 5.31 교육개혁에서 탈규제, 다양성, 자율성, 소비자 주권 등을 주장하면서 교육에도 자유화 바람이 일었다. 사교육은 헌법재판소가 2000년 4월 27일에 과외금지 조치 위헌판결을 내리면서 고삐가 풀렸다. 헌법재판소는

"경제력의 차이 등으로 말미암아 교육의 기회에 있어서 사인 간에 불평등이 존재한다면, 국가는 원칙적으로 의무교육의 확대 등 적극적인 급부활동을 통하여 사인간의 교육기회의 불평등을 해소할 수 있을 뿐, 과외교습의 금지나 제한의 형태로 개인의 기본권행사인 사교육을 억제함으로써 교육에서의 평등을 실현할 수는 없는 것"이라며 『학원의 설립·운영에 관한 법률』 3조가 위헌이라는 판정을 내렸다(헌법재판소 2000). 이후 사교육 시장은 걷잡을 수 없이 팽창했다. 처음에는 대학생의 아르바이트가 통상적인 형태였지만 학원은 이제 산업이 되었다.

다른 조건이 같다고 가정할 때 학업성취도의 차이는 학생의 노력과 지적 능력에 따라 결정되는 것이 정상적인 교육 불평등의 문법일 것이다. 하지만 학생의 특성 이외에 다른 요인이 강하게 개입해 들어온다면 이는 최소한의 평등 정의에도 배치된다. 사교육은 교육 불평등의 문법을 변형시켰다. 〈그림 3.5〉에서 드러나듯 가구소득에 따라 사교육 지출은 체계적으로 늘어나고, 사교육 정도와 성적의 관계도 체계적이다. 평균 사교육비를 1로 보았을 때 성적이 31~60%에 해당하는 학생은 평균치의 사교육비를 지출하고 성적 상위 10%안에 드는 학생은 하위 81~100%에 드는 학생보다 거의 2배 정도에 달하는 비용을 사교육에 쏟고 있다. 결국, 고교시기 가족소득이 학업성취에 큰 영향을 미친다(구인회·김정은 2015).

소득뿐 아니라 주택자산도 교육불평등에 영향을 미치고 있다. 사교육의 메카인 강남구 대치동 학원가는 고자산가들이 몰려있는 곳에 집중되어 있다는 사실과 강남지역 출신 학생들이 상위권 대학에 들어갈 확률이 높다는 사실은 우연의 일치가 아니다. 서울대를 포함하

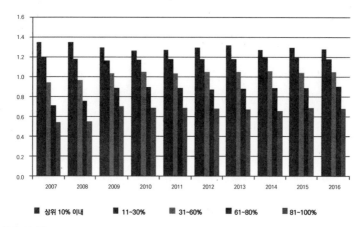

**〈그림 3.5〉** 학생성적 순위별 학생 1인당 월평균 사교육비 (평균 사교육비=1)

상위 10% 이내 ■  11~30% ■  31~60% ■  61~80% ■  81~100% ■

출처: 통계청


여 소위 명문대 입학생 중에서 강남지역 출신의 비중이 계속 늘어나고 있는 것으로 알려지고 있다. 이는 교육불평등의 문법에 학생이 속한 가구의 소득과 자산이 차지하는 비중이 높아지고 있다는 것을 시사한다.

　학업성취도의 결정요인 중에서 사교육 여부와 사교육 투입 정도가 중요한 변수로 되면서 학생과 학부모는 사교육 지출을 늘려야 하는 이익구조에 직면한다. 학생과 학부모가 사교육을 더 많이 받으면 점수가 올라가는 현상을 실감하고, 사교육에 매진할수록 바뀐 사교육 정도가 반영된 교육 불평등의 문법은 수확체증을 실현하기 마련이다.

　금융자본이 소득과 자산의 다중격차를 연결짓는 적극적인 역할을 하는 것처럼 사교육 공급자들은 소득·자산과 교육 불평등에 다리를 놓고 있다. 이들은 학생과 학부모의 욕망과 불안심리에 파고 들어가 그들을 동원해내는 데 성공을 거두어왔다. 사교육 공급자는 공교육 강화정책, 입시제도 조정정책, 사교육 수요충족 정책 등에 맞서 기존수요 관리전략, 대응수요 창출전략, 신규수요 창출전략시장 등 시장전략을 채택함으로써 사교육 억제정책의 유형에 따라 효과적인 전략을 구사해 왔다(황규성 2013). 대학 입시제도의 잦은 변경으로 수능점수와 학생부의 비중이 오락가락했지만 사교육은 수능점수에 국한되는 것이 아니라 내신과 포트폴리오, 자소서 등의 입시와 관련된 모든 영역에 손을 뻗치고 있다는 점에서 여전히 막강한 영향력을 행사한다.

소득·자산의 다중격차에 교육의 다중격차가 가세함으로써 다중격차의 삼각축은 완성체를 이룬다. 교육이 덧붙여져 완성되는 다중격차는 부모세대의 소득·자산 다중격차를 받아 안은 현재의 불평등과 동시에 미래의 불평등을 잉태한다. 교육은 1차적으로 가정의 소득과 자산에 크게 영향을 받지만, 다시 교육, 정확히 말하자면 학벌이 노동시장 진출에 결정적인 역할을 함으로써 소득과 자산 불평등에 영향을 미치게 된다.

## 4. 다중격차의 존재형태

### 1) 다중격차와 이중화

우리가 다중격차라는 개념으로 한국의 불평등을 바라보려는 궁극적인 목적은 어느 하나의 불평등이 아니라 소득, 자산, 교육 불평등이 결합하면서 우리의 삶이 어떻게 조형되고 있는지를 파악하려는 것이다. 물론, 개별 불평등 범주의 독립변수들이 완전히 배타적인 경우는 상상하기 어렵다. 다중격차가 출현하기 전에도 소득이 높으면 자산도 많을 확률이 높고, 있는 집 자식이 성적이 좋을 확률도 높았을 것이다. 문제는 상호결합의 정도와 추이, 그리고 국민의 삶에 미치는 효과다.

다중격차는 국민의 삶을 규정하는 이중화(dualization)와 결합한다. 이중화란 한 사회의 구성원이 내부자와 외부자로 갈라져 양 집단에서 서로 다른 논리가 작동하는 현상을 뜻한다(Emmenegger et al. 2012). 다중격차는 범주적 차원과 사회집단적 차원이라는 이중적 의미에서 이중화와 결합된다. 범주적 차원의 다중격차는 소득, 자산, 교육 등의 불평등 범주들이 물리적·구조적으로 결합하는 형태를 말하고, 범주적 다중격차가 사회구성원의 분리와 분할을 낳는 형태가 사회집단적 차원의 다중격차다. 다중격차와 이중화의 이중적 만남은 표준적 생애의 희소가치화를 공통분모로 가진다.

모든 사회에는 교육, 연애, 취업, 결혼, 출산, 육아, 주택취득, 은퇴 등 생애주기 전반에 걸쳐 일반적인 경로가 있다. 경제위기 이후 표준적 생애에 접근할 초대장은 골고루 뿌려지지 않는다는 점에 착안하여 다중격차를 표준적 생애의 희소가치화라는 관점에서 파악하면, 두 가지 중요한 특징이 발견된다. 첫째, 표준적 삶의 접근가능성에 차이를 가져오는 개별 불평등 범주 사이의 상대적 비중이 변화하고 있다. 예를 들어, 저축 기반 자산취득 모델이 작동했을 때 소득불평등은 다른 불평등을 가져오는 주요 원인으로 작동했다. 그러나 부채 동원 자산 운용 모델이 성립하면서 자산 불평등이 다른 불평등을 낳을 진원지가 되고 있다. 명문대학에 입학할 요건 중 하나로 "할아버지의 재력"을 꼽는다는 말도 있는데, 이는 부모세대가 아니라 부모의 부모세대의 사회경제적 지위가 교육불평등의 문법에 한 자리를 차지하고 있다는 것을 암시한다. 즉, 개별 불평등 범주들 사이에 위계의 변화가 나타나고 있다는 것이다. 이를 실증하기란 어려운 과제이지만, 다중격차 삼각축 중에서 유산과 자산이 차지하는 비중이 높아지고 있음을 짐작할 수 있다.

둘째, 어느 한 영역의 불평등 완화를 문제해결의 신호로 과잉 해석하면 안 된다는 것이다. 불평등을 소득, 자산, 교육에 걸쳐 통으로 묶어 파악할 때 그 귀결점은 표준적 삶에 대한 접근가능성이다. 그 접근가능성이 사회 전체적으로 떨어지고 있다면 소득, 자산, 교육 불평등에서 소소한 개선은 문제해결의 열쇠로 보기 어렵다. 표준적 삶의 중요한 척도 가운데 안정적 주거 확보를 예로 들어보자. 최근 국토연구원의 발표에 따르면, 연소득 대비 주택가격(PIR)은 2016년 현재 저소득층의 경우 11.6, 고소득층의 경우 5.0으로 나타났다(국토연구원 2017). 소득을 한 푼도 안 쓰고 모았을 때 현재 거주하고 있는 주택을 구입하는 데 그만큼의 기간이 소용된다는 의미다. 보다 장기적인 추이를 파악하기 위해 통계청의 가계동향 조사와 국민은행의 부동산 통계를 결합하여 도시 2인 이상 가구에서 처분가능소득을 꼬박 모았을 때 아파트 한 채를 마련하는 데 걸리는 기간을 추산해보면 〈그림 3.6〉과 같이 나타난다. 1990년부터 경제위기 시기까지 서서히 하락하다가 그 이후 10년 정도에 머물고 있고, 서울지역 아파트만 따로 보면 거의 두 배인 20년에 달한다. 그런데 소득분위별로 나누어 보면 2015년의 경우 상위 20%는 소득을 고스란히 모으면 10.9년 만에 서울에 아파트 한 채 마련하는데 비해 하위 20%는 45.7년이 걸려, 현실

**〈그림 3.6〉** 가구 연소득과 아파트 가격의 비율

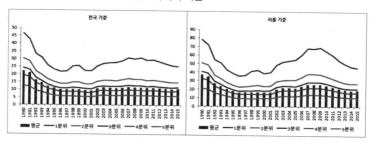

주: 가구소득은 도시 2인 이상 가구의 처분가능소득, 분위별 소득은 균등화 소득의 평균 값.
아파트 가격은 2015년 12월을 100으로 하여 매매가격 지수를 연평균으로 바꾼 후 매매가격으로 환산.
출처: 통계청 가계동향조사, 국민은행 KB 주택가격동향

적으로 주택구입이 불가능하다. 연소득과 주택가격의 비율은 후자의 변동 폭에 큰 영향을 받기 마련인데, 하위 20%는 아파트 자산의 가격 변동에 그만큼 휘청거린다. 표준적 삶의 중요한 요소인 주택마련으로 볼 때 소득 하위계층에게는 생활기본선(basic needs)이 감당하지 못할 수준으로 높아지고 있다는 것을 시사한다.

보육과 교육도 생활기본선의 상승에 기여하기는 마찬가지다. 개발연대에는 보육을 가족 또는 지역공동체가 맡아 비용이 거의 들지 않았다. 공식적인 보육 인프라는 없었지만 비공식적 사회 인프라가 가동되었다. 교육비용도 들어갔으나 대부분의 가구에서 감당하지 못할 수준은 아니었다. 자유화는 이런 사회적 생활 인프라를 돈으로 구매하게 만들었다. 이는 개별 불평등 범주들 사이의 관계 뿐 아니라 안정된 삶에 대한 접근의 격차가 커지고 있다는 것을 시사한다.

한편, 범주적 차원의 다중격차는 사회적 집단으로 전이시키는 독특한 메커니즘이 있다. 다중격차라는 구조가 만들어지고 굳어지는

과정은 생애주기의 표준성과 생활기본선을 성취하는 집단과 그렇지 못한 집단으로 갈라놓는 과정이기도 했다. 다중격차의 개별 구성요소인 소득, 자산, 교육은 이미 고소득과 저소득, 유자산과 무자산, 유자산 중에서도 고자산과 저자산, 교육수준 등 집단의 분화를 내재하고 있다. 세 가지 영역에서 고루 높은 위치를 점하는 집단과 그렇지 않은 집단이 동일하다면 고소득-고자산-고학력 집단과 저소득-저자산-저학력 집단으로 나눌 수 있다.

다중격차 구조에서 내부자와 외부자는 동일한 환경에서 상반된 생존논리를 갖게 된다. 동일한 환경이란, 안정되고 표준적인 생애가 점점 희소한 가치가 되고 있다는 사실이다. 일상생활의 표준성이 점점 희소한 재화가 되어가니 행위자들의 불안감은 증폭될 수밖에 없다. 상반된 생존논리란 내부자는 필사적으로 내부자의 위치를 수호할 이익이, 외부자는 마찬가지로 필사적으로 내부자에 진입해야 할 이익이 있다는 것이다. 내부자들도 대부분 그럭저럭 삶의 표준성에 접근해가고 있을 뿐, 한번 낭떠러지로 떨어지면 올라오기 어렵다는 사실을 잘 알고 있다. 이런 상황에서 내부자의 숫자가 많아지는 것은 달가운 일이 아니어서 스스로 규모를 축소하는 데 이해관계를 가지게 된다. 의사의 의대정원 확대 반대, 정규직과 비정규직의 분리와 비정규직에 대한 정규직의 암묵적 배제는 대표적인 경우에 해당한다. 내부자와 외부자의 경계선을 선명하게 긋고 유지하려는 성향은 기성세대에게만 나타나는 현상은 아니다.[2] 표준적 삶이 희소해지면서 다중격

---

2  그룹과외 스타강사는 의외로 수강생이 많지 않다고 한다. 예를 들어 5명이 수강하다 1명이 빠져 나가면 부모가 강사에게 손실액을 보상하고 4명으로 수업을 진행하는 경우가 많다고 한다. 다른 학생들이 그 강사의 강의를 들을 경우 본인에게 불리하게 된다는 것이다.

차는 외부자를 배제시키는 방식으로 내부자의 이익을 극대화하는 내재적 요인을 안고 있다.

외부자에게 내부자 진입의 절박성은 말할 필요도 없다. 스스로를 대변할만한 조직을 갖추기도 어려운 외부자는 원자적 존재로서 내부자에 진입하려고 분투한다. 내부자 진입마저 쉽지 않을 경우 소극적으로 저항하기도 한다. 청년들은 취업 걱정으로 학교 졸업을 미루고, 연애와 결혼을 꺼리며, 설령 결혼을 했더라도 출산을 기피하는 등 유예와 파업으로 시스템에 맞서기도 한다. 이중화는 내부자는 집합적 방어투쟁에, 외부자는 원자적 생존투쟁이나 소극적 저항에 몰두하게 함으로써 행위양식의 이중화를 낳기도 한다.

그러나 내부자/외부자 경계선이 항상 뚜렷하지는 않다는 것이 다중격차의 또 다른 특성이다. 한 영역에서 내부자가 다른 영역에서는 외부자인 경우도 수두룩하다. 예를 들어, 일부 노년층은 저소득이면서 고자산 계급도 많을 것이며, 청년층은 고학력, 저소득인 계층도 많을 것이다. 즉, 범주적 차원의 다중격차가 사회집단 차원으로 넘어오면 경계선이 다소 복잡해져 깔끔하게 양분되지 않는다. 이는 내부자는 내부자대로, 외부자는 외부자대로 그 구성이 이질적이라는 것을 함축한다. 외부자는 어떤 영역에서, 무엇 때문에 외부자이며, 어떤 이해관계를 가지는지 다양하기 때문에 동질적인 집단을 형성하기 매우 어렵다.

내부자와 외부자의 다차원적 이질화는 동맹과 연대 형성을 안개 속에 파묻히게 하는 요인이 된다. 예를 들어, 노동조합이 노동자라는 집단적 정체성을 추구하기보다는 사업장 단위의 이익추구에 충실한 모습은 이제 흔한 일이다. 노동과 자본 사이의 계급갈등이 아니라 대자본과 대기업 노동, 중소자본과 중소기업 노동이 이익이 일치하여 계급교차 연합(Swenson 1991)이 벌어지고 있다. 계급교차 연합 (cross-class alliance)은 노동과 자본 사이의 계급투쟁이 아니라 생산성이 높은 수출 대기업 부문의 노동과 자본의 이해가 여타 부문의 노동과 자본의 이해와 갈라져 부문별로 계급동맹의 양상이 달라지는 현상을 일컫는다. 그런데 어느 한 영역에서라도 내부자라면, 보수화의 길을 접어들게 될 가능성이 농후하다는 점이 연대의 형성을 더욱 어렵게 만드는 요인이 될 것이다.

### 2) 다중격차의 거시적 재생산

소득, 자산, 교육의 다중격차 삼각축을 둘러싸고 전개되는 물리적, 사회집단적 이중화가 다중격차의 미시적 구조라면 미시적 다중격차가 〈그림 3.1〉의 불평등 환경과 접목되어 나타나는 구조적 경향은 거시적 다중격차라고 할 수 있다. 거시적 다중격차는 불행하게 다중격차를 제어하기보다 확대하는 경향을 내재적으로 안고 있다.

표준적 삶의 희소가치화로 말미암아 "소유집착적 개인주의"는 행위자를 규율하는 지배적 규범으로 자리 잡는다. 캐나다 정치철학자 맥퍼슨이 명명한 소유집착적 개인주의는 개인을 사회의 일부가 아니라 자신의 속성을 사적으로 소유한 주체로 보는 입장을 일컫는다 (MacPherson 1962).[3] 삶이 불안해지고, 생애주기의 표준성이 위축되

---

**3** 소유집착적 개인주의(possessive individualism)는 다음과 같은 7가지 가정을 공유한다. ① 타인의 의지로부터의 자유로와야 인간이 인간답다 ② 타인으로부터 자유롭다는 것은 개인이 자기이익을 추구하려고 뛰어 든 관계 말고는 어떠한 관계로부터도 자유롭다는 것을 의미한다 ③ 개인은 본질적으로 자기 몸과 능력의 소유자인데, 신체와 능력을 갖추는 데 사회에 빚진 것이 없다 ④ 개인이 자기가 가진

자 내부자는 불안해진 삶을 더 많은 소유를 통해 보상받으려 했다. 승자독식, 패자일몰이 일상화된 사회에서 가진 것이 많다는 것은 안정적 삶을 확보하는데 매우 중요하기 때문이다. 한국인은 시장인간으로 거듭 태어나고 있다는 진단은(최현 2011) 한국사회에 만연된 소유집착적 개인주의를 꼬집고 있다. 불안정한 삶은 한국에서 소유집착적 아비투스(habitus)를 심어 놓고 있으며, 소유집착적 개인주의는 불평등의 원인을 구조적인 문제로 바라보기 보다는 개인의 노력 탓으로 돌림으로써 불평등을 정당화하기도 한다.

자본은 표준적 삶의 희소가치화를 명민하게 파악하고 대중적 삶에 깊게 파고들어 소유집착적 개인주의에 최적화된 상품을 내놓는데 능수능란한 수완을 발휘한다. 대표적인 것이 금융상품이다. 아마도 30대 이상 연령층은 "여러부~ㄴ, 부자 되세요!"라는 광고 문구를 기억할 것이다. 대중의 경제적 삶이 불안해질수록 대중이 점점 더 불안의 원인인 금융화와 주식시장의 육성을 지지하게 만들 것이다. 이 부분에서 금융화 자체가 스스로에게 유리한 정치적 조건을 창출할 수 있는 가능성이 생기며, 정책이나 외생적 요인에 의해 시작되더라도 일정 수준 이상 금융화가 진행되면 쉽게 내재화되는 메커니즘이 만들어질 수 있다(유철규 2008).

속성 전체를 떼어 낼 수는 없지만 노동력은 떼어 낼 수 있다 ⑤ 인간사회는 일련의 시장관계로 이루어진다 ⑥ 타인의 의지로부터의 자유로와야 인간이 인간답기 때문에 타인에게도 똑같은 자유를 보장하는데 필요한 의무와 규칙에 의하는 경우 말고는 자유의 제한은 정당하지 않다 ⑦ 정치사회는 개인이 가진 속성과 재화를 보호하기 위해, 그리고 (따라서) 자신의 소유자인 개인들간의 질서잡힌 교환관계를 유지하기 위해서 고안된 것이다(Macpherson 1962, 263~264). 이 용어는 소유적 개인주의로 번역되기도 하지만, 개인의 소유를 사회와 분리시켜 절대시한다는 뜻을 살려 소유집착적 개인주의로 옮기는 것이 더 어울리는 표현으로 보인다.

또한 시장지향적 정치권력이 시장통제형 정치권력으로 바뀌더라도 다중격차 구조를 전면적으로 문제삼기에는 한계가 있을 것으로 보인다. 다중격차 구조에 이미 다수가 이해관계를 가진 상태에 진입하여 이를 전면적으로 뜯어 고치기에는 정치권력의 명운을 걸어야할 상황에 직면할 수 있기 때문이다. 소득, 자산, 교육에 걸쳐 성골 내부자 뿐 아니라 어느 하나라도 내부자의 지위에 있는 육두품 내부자의 경우에도 가진 것을 잃는 상황은 정치권력에게 적지 않은 부담이될 것이다. 외부자의 파편화는 정치권력이 내부자의 이익을 적당히지켜내고 비난회피에 안주할 인센티브를 제공하게 된다. 때만 되면나타나는 경기부양이라는 정책메뉴는 정치권력의 성향을 고스란히드러내준다.

## 5. 다중격차의 디스토피아: 세대승계

경제위기 전후 불평등의 풍경화를 비교하면 〈표 3.2〉와 같이 나타낼 수 있다. 발전국가 모델이 작동하던 시기에 불평등의 환경은 경제적 고도성장, 정치권력 우위의 권력배분, 다수에게 열린 삶의 표준성으로 요약된다. 이때 불평등이 현격하게 개선되지 않았더라도 전반적 소득향상에 힘입은 엘리베이터 효과가 불평등을 조절하는 주요기제였고, 다수에게 열린 표준적 삶의 접근가능성이 불평등을 완화시켰지만, 이런 모델은 발전국가라는 특수한 조건에서 작동하는 한계가 있었다. 핵심적인 불평등 영역은 소득 불평등이었고, 다차원적불평등은 여러 격차 영역이 병존하는 수준에 머물렀다.

**〈표 3.2〉** 발전국가 모델과 신자유주의 모델의 불평등 비교

| | | 발전국가 모델 | 포스트 발전국가 모델 |
|---|---|---|---|
| 불평등의 환경 | 경제 | 고도성장, 발전국가적 관리, 산업금융 | 저성장, 자유화, 개인 금융 |
| | 권력 | 정치권력 우위 | 시장권력 우위 |
| | 일상생활 | 다수의 표준성, 집합적 순응, 발전국가적 안정성 | 표준성 위축, 원자적 생존투쟁, 시장적 불안정성 |
| 격차 조절 양식 | 주요 조절기제 | 전반적 소득향상 엘리베이터 효과 | 사회정책 버킷 엘리베이터 효과 |
| | 불평등 정당화 | 삶의 표준성 | 배제적 능력주의 시장독재 순응 |
| | 한계 | 발전국가 내재적 | 시장조절 없는 정책 의존 |
| 불평등의 성격 | 핵심 불평등 | 소득 | 소득, 자산, 교육 |
| | 다차원 불평등 | 격차의 병존 | 다중격차 |

경제위기 이후 포스트 발전국가 모델에서는 불평등의 환경이 저성
장과 금융화로 바뀌었고 시장권력이 우위를 점하게 되었으며, 광범위
하게 열려 있었던 표준적 삶에 대한 접근가능성은 제한되고 시장적
불안정성이 높아졌다. 발전국가적 조절양식을 대체할만한 뚜렷한 격
차 조절양식은 사회 안에서 발전하지 못한 채 사회정책이 발달해 오
고 있지만 턱없이 부족한 상태에서 승강기는 버킷 엘리베이터[4]로 교

---

**4**　버킷 엘리베이터 효과(Paternoster-Effekt)는 Beck의 승강기 효과 테제에 대한
비판이다. 버킷 엘리베이터는 양동이를 벨트에 여러 개 달아 상하로 이동·회전시
켜 물건을 운반하게 된 장치다. 엘리베이터 안에서 다 같이 상향이동하는 것이 아
니라 일부는 상승하지만 일부는 하강하는 현상을 일컫는다(Butterwegge 2009,
141).

체되었다. 불평등은 개인적 성과를 강조하는 배제적 능력주의에 의해 정당화되고, 시장을 조절하지 못하고 정책에 의존하는 한계를 드러내고 있다. 핵심적인 불평등 범주는 소득과 함께 자산과 교육이 가세하여 불평등은 다중격차의 성격을 띠게 되었다.

발전국가적 불평등이 포스트 발전국가적 다중격차로 성격이 바뀌는 과정에서 불평등의 위상학도 변했다. 발전국가에서는 소득 불평등이 불평등의 제왕이었다면, 이제 소득 불평등은 상대적으로 약해지고 자산 불평등의 비중이 상대적으로 커졌다. 노동분배율이 정체되고 소득분배가 크게 개선되지 않는 상황에서 표준적 삶의 접근가능성에 영향을 미치는 요인으로서 자산이 차지하는 위상이 높아졌다.[5] 자산 불평등의 높아진 위상은 한국 자본주의가 "세습 자본주의"로 치달을 가능성을 점치게 한다.

대다수 구성원은 표준적 삶의 희소가치화에 대단히 민감하다. 사회경제적 지위의 이동 가능성에 대한 관점이 이를 명확하게 보여준다. 〈그림 3.7〉은 세대내, 세대간 계층이동 가능성에 대한 관점의 추이를 보여준다. 최근 들어 사회적 계층이동이 가능하다고 응답하는 비중은 점점 줄어들고 있다. 계층이동 가능성에 대한 진단은 교육수준인 낮을수록 비관적이다(5장 참조).

그럼에도 불구하고 경제위기 이후 형성과 발전과정에 있는 다중격차가 아직 커다란 사회적 이슈로 붉어지지는 않고 있다. "흙수저-금

---

**5** 이런 세태에 대한 행위자들의 인식은 슬프도록 냉혹하다. 6학년인 딸이 다니는 초등학교에 공개수업에 참석한 적이 있다. 인생 설계를 주제로 한 창의적 체험학습 시간이었다. 각자 발표했는데, 어느 학생의 꿈은 건물주였다. 조물주 위에 건물주라는 농담이 있다는 건 들어봤지만, 직접 귀로 들은 것은 처음이었다. 그 많던 대통령은 없었다.

**〈그림 3.7〉** 세대내, 세대간 사회적 이동성에 관한 관점

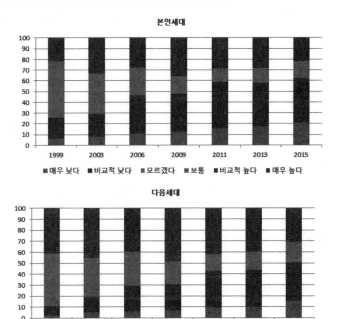

본인세대

■매우 낮다  ■비교적 낮다  ■모르겠다  ■보통  ■비교적 높다  ■매우 높다

다음세대

■매우 낮다  ■비교적 낮다  ■보통  ■모르겠다  ■비교적 높다  ■매우 높다

출처: 통계청

수저", "헬조선"과 같은 담론이 제기되었지만 불평등이 조직적 저항운
동으로 발전하지는 않고 있다. 외부자의 이질성이 가장 큰 이유일 것
이다. 또 다른 이유는 외부자가 기대수준의 하향조정을 통해 행위를
조절하는 '착한, 너무나 착한' 심성이다. "N포 세대", 주택구입 포기자
라는 "주포자" 등은 기대의 하향을 고스란히 보여준다. 수비수를 뚫고
들어온 강슛을 얼굴로 막아내는 골키퍼처럼 외부자들은 '알아서' 다
중격차라는 구조적 폭력을 온몸으로 감당하고 있다. 희망을 가지면

부모에게 미안한 마음도 함께 가진다. "엄마! 꿈 꿔서 미안해"[6]

그러나 그 착한 심성도 한계가 있을 것이다. 불평등 감내의 한계에 대하여 허시만이 말한 '터널효과'(tunnel effect)는 다중격차에 대해서도 일정한 함의를 준다. 터널효과란, 2차선 터널 안에서 차량이 정체해 있더라도 옆 차선의 차들이 움직이면 자기 차선도 곧 움직이게 될 것이라는 기대감으로 정체를 감내하지만 그 상태가 지속되면 참지 못하고 끼어들어 결국 터널 안이 막히게 되는 현상을 말한다 (Hirschman 1973). 경제발전 초기에는 불평등이 있더라도 인내심이 발휘되지만 일정 시점이 지나면 한계에 이르게 될 수 있다는 것이다. 다중격차라는 도로에서 차들이 지금 막 터널에 진입했을지 모른다.

다중격차가 더 이상 견고해지기 전에 〈그림 3.1〉의 경제, 권력, 생활양식 전반에 걸친 다중적 노력이 필요하다. 정치권력도 시장지향성에서 벗어나 국민의 삶을 최우선에 놓는 기조를 가져야 한다. 이에 발맞추어 사회 안에서도 연대의 방향을 새롭게 모색할 필요가 있다. 다중격차는 탄핵으로 파면할 수 있는 것이 아니다. 매일매일 일상생활의 실천과 투쟁으로 쫓아 내야한다. 사교육을 합법화한 헌법재판소의 판결에서 이영모 재판관의 소수의견을 다시 새겨볼 필요가 있다.

> 자본주의의 약점인 부익부 빈익빈으로 인한 계층간의 간격과 괴리 (乖離)를 어떻게 조정·배려하여 공동체의식을 슬기롭게 유지·보완할 수 있느냐 … 따라서 사회복지국가의 지향이라는 관점에서, 사

**6** 5장을 집필한 김희삼 교수가 연구팀 내부 회의에서 소개한 어떤 사례에서 나온 말이다.

회·경제적 강자의 경제적 자유권, 이른바 재산권의 보장, 계약의 자유, 직업의 자유에 대한 적극적인 제한이 불가피하고, 사회·경제적 약자는 이 제한을 통하여 헌법이 규정한 사회권을 향유하여 인간다운 생활을 영위할 수 있게끔 되는 것(헌법재판소, 2000).

## 참고문헌

강내희. 2011. "미래할인의 관행과 일상문화의 변화."『경제와 사회』92.

구인회·김정은. 2015. "대학진학에서의 계층격차."『사회복지정책』42(3).

국토연구원. 2017. "2016년 주거실태조사 주요결과."

박경순. 2011. "생애과정 탈정형화의 사회정책적 함의."『사회보장연구』27(1).

송원근. 2016. "외환위기 이후 재벌정책 변화와 경제민주화 전망." 이병천·유철규·전창환·정준호 엮음.『한국의 민주주의와 자본주의』. 돌베개.

우해봉. 2013. "중고령층의 생애과정 분석."『사회복지정책』40(2).

원승연. 2015. "가계의 금융부채가 소득불평등에 미치는 영향."『한국사회정책』22(3).

유철규. 2008. "금융화와 한국자본주의: 특성과 전망."『동향과 전망』73.

이병천. 2014. "외환위기 이후 한국의 축적체제: 수출주도, 수익추구 성향과 저진로 함정." 이병천·신진욱 엮음.『민주정부 10년, 무엇을 남겼나』. 후마니타스.

이병희. 2014. "노동소득분배율 측정 쟁점과 추이."『노동소득분배율과 경제적 불평등』. 한국노동연구원.

장진호. 2014. "1997년 외환위기 이후 일상생활의 금융화." 이병천·신진욱 편.『민주정부 10년, 무엇을 남겼나』. 후마니타스.

재정경제부·산업자원부·노동부·기획예산처·공정거래위원회·금융감독위원회. "2002. 2001년 4대부문 구조개혁 추진실적."

조희연. 2009. "1987년 이후 한국에서의 민주화와 사회경제적 불평등의 정치사회적 동학." 조희연·김동춘·오유석 편.『한국 민주화와 사회경제적 불평등의 동학』. 한울.

지주형. 2011.『한국 신자유주의의 기원과 형성』. 책세상.

최현. 2011. "시장인간의 형성: 생활세계의 식민화와 저항."『동향과 전망』81.

한국교육개발원. 2015.『2015 교육통계분석자료집: 유·초·중등 교육통계편』.

헌법재판소. 2000. 학원의설립·운영에관한법률 제22조 제1항 제1호 등 위헌제청, 학원의설립·운영에관한법률 제3조 등 위헌 확인. 98헌가16, 98헌마429(병합).

홍장표. 2014. "대·중소기업과 저진로 양극화 성장." 이병천·신진욱 편.『민주 정부 10년, 무엇을 남겼나』. 후마니타스.

황규성. 2013. "한국 사교육 정책의 작동 메커니즘에 대한 정치적 분석."『한국사회정책』 20(2).

_____. 2016. "다중격차: 다차원적 불평등에 관한 개념화 시론."『동향과 전망』 97.

Butterwegge, Christoph. 2009. "Armut in einem reichen Land." *Wie das Problem verharmlost und verdrängt werden*. Frankfurt/Main: Campus.

Lütz, Susanne & Roland Czada. 2000. "Einleitung, Marktkonstitution als politische Aufgabe: Problemskizze und Theorieüberblick." Roland Czada & Susanne Lütz eds. Die Politische Konstitution von Märkten. *Wiesbaden: Westdeutscher Verlag*. 9-35.

Macpherson, C. B. 1962. "The political theory of possessive individualism". *Hobbes to Locke*. London: Oxford University Press.

Martin, Randy. 2002. *Financialization of Daily Life*. Philadelphia: Temple University Press.

Swenson, Peter. 1991. "Labor and the limits of the welfare state: The politics of intraclass conflict and cross-class alliances in Sweden and West Germany" *Comparative Politics* 23(4): 379-399.

# 4장

## 한국의 불평등 추이와 구조적 특성

한국에서 불평등의 전개 과정은 매우 다양한 차원에서 접근할 수 있다. 불평등을 결정하는 요인들이 다차원적이고 복합적이기 때문이다. 일반적으로, 소득과 자산, 그리고 소비가 개인, 가계 및 국가의 경제적 불평등을 이해하고 측정하는 데 일차적인 기준으로 활용된다. 경제성장 즉, 소득 증가 메커니즘의 변화에 따라서 소득의 분포가 달라질 것이고, 경제성장 과정에서 축적되는 저축이나 자본이득의 발생 메커니즘에 따라서 자산의 분포도 달라질 것이다. 형성된 자산은 소득을 유발하여 소득불평등에 영향을 줄 것이며, 소비되지 않고 축적된 저축은 자산을 형성할 것이다.

기존의 많은 연구들이 경제성장 과정에서 이루어지는 소득을 중심으로 불평등에 접근했다. 한국의 경우, 토지개혁과 한국전쟁 등으로 기존 자산의 상당 부분이 파괴된 상태에서 출발하였고 경제성장 과정이 매우 빠른 속도로 진행되었기 때문에 소득의 증가 메커니즘이 경제적 불평등을 설명하는 데 일차적으로 중요한 것은 사실이다.

그런데 최근의 많은 국내외 연구들은 소득뿐만 아니라 자산의 중요성을 강조하기 시작하였다. 한국의 경우에도 1960년대 이후 경제개발이 50년 넘게 지속되면서 상당한 저축이 이루어졌고, 개발주의적 경제성장 과정에서 자본이득과 지대가 축적되면서 자산의 중요성이 높아졌을 것으로 판단된다. 이 책에서 '다중격차'라는 표현을 주제어로 사용한 것도 불평등의 다차원성을 강조하는 것인데, 다중격차라는 주제어를 통해 던지고자 하는 메시지는 경제적 불평등을 소득에 한정해서 보기보다는 자산과 동시에 보아야 한다는 것이다.

적어도 1970년대 말 이후 미국을 비롯하여 전세계적으로 불평등이 심화하면서 불평등에 대한 사회과학적 연구가 많이 축적되었다. 특히, 2008년 글로벌 금융위기는 불평등 문제에 대한 세계적 관심을 높였고, 이에 부응하듯이 불평등 문제를 분석하고 불평등을 완화하기 위한 대안들을 모색하는 중요한 저작들이 많이 발간되었다. 이 중 대표적인 저작들로는 스티글리츠(Stiglitz 2012), 갤브레이스(Galbraith 2012), 피케티(Piketty 2014), 밀라노비치(Milanovic 2014), 부르귀뇽(Bourguignon 2015), 앳킨슨(Atkinson 2015), OECD (2014), 바수와 스티글리츠(Basu and Stilglitz 2016) 등을 들 수 있다. 이 장에서는 한국의 불평등을 이해하기 위한 이론적인 틀을 기존의 연구들, 특히 밀라노비치(Milanovic 2015)와 스티글리츠(Stiglitz 2016) 등의 논의를 중심으로 하여 만들어보고, 이에 따라 한국에서 불평등 전개 과정의 특징을 소득과 자산의 측면에서 파악해보고자 한다.

# 1. 불평등에 관한 이론적 논의

## 1) 경제성장과 불평등

경제발전의 초기 단계에는 불평등이 증가하지만 경제성장이 지속되면서 불평등은 완화된다는 것이 주류 경제학의 일반적 상식이었다. 경제성장과 불평등이 역 U자의 관계를 나타낸다는 이른바 쿠즈네츠 가설이다(Kuznets 1955). 경제발전의 초기에는 높은 임금을 주는 부분이 제한되어 있어 불평등이 증가하지만, 경제가 성장하면서 높은 임금을 주는 부문으로 점점 인구가 이동하면서 불평등이 완화된다는 것이다. 제2차 세계대전 이후 30여 년간 쿠즈네츠 가설은 많은 개발도상국가에서 입증되는 듯이 보였다. 그러나 1970년대 후반 많은 국가에서 경제성장이 지속됨에도 불구하고 여러 가지 차원으로 측정되는 불평등 역시 계속 증가하였다. 과거를 가지고 미래를 예측할 수 없게 된 것이다(Basu and Stiglitz 2016). 경제발전의 초기 단계에는 불평등이 증가하다가 경제가 더 발전하면 불평등이 완화된다는 쿠즈네츠 이론은 더 이상 작동하지 않는다.

그렇다고 불평등이 한없이 증가하는 것도 아니다. 앳킨슨(Atkinson 1970)도 지적하고 있듯이, 불평등은 특정한 요인에 따라 무한대로 증가하는 것이 아니라 다양한 에피소드들이 작용하면서 상승과 하락을 반복하는 것이 역사적 경험이다. 그래서 밀라노비치(Milanovic 2016)는 경제성장에 따른 불평등의 변화를 '쿠즈네츠 가설'보다는 '쿠즈네츠 파동'으로 접근해야 한다고 지적하고 있다. 1945년 이후 20-30년간의 자본주의 황금기를 쿠즈네츠 1차 파동이라면, 80년대 이후를 2

차 파동으로 보고 있다. 쿠즈네츠 2차 파동하에서 고소득 선진국들의 경우도 경제가 성장함에도 불평등은 확대되었다.

밀라노비치에 따르면, 2차 쿠즈네츠 파동하에서의 불평등 상승 요인도 기본적으로 1차 파동과 마찬가지로 기술혁명과 글로벌화로 보고 있다. 2차 기술혁명에 따른 지대 창출(기술혁신 선도와 정치적 영향력 행사를 통한 독점 지대), 노동보다는 자본에 유리한 방향으로의 지대 재협상(정치권력의 재편), 제조업으로부터 부문 내 불평등도가 높은 서비스업으로의 구조 전환 등을 2차 쿠즈네츠 파동에서 불평등 증가의 주된 요인으로 보았다. 2차 쿠즈네츠 파동 기간 중 국가의 복지 지출과 같은 재분배가 확대되었으나 시장소득 불평등의 근본적 증가를 상쇄하지는 못한 것으로 분석하고 있다.

그는 2차 쿠즈네츠 파동의 불평등 상승요인을 좀 더 구체적으로 기술, 개방, 정책(T-O-P, Technolgoy, Openness, Policy)으로 설명한다. 70년대 이후 불평등 증가의 원인은 기술 변화, 경제적 개방과 글로벌화, 제도와 정책의 변화에 있다는 것이다. 특히, T-O-P는 상호 의존적이며 분리될 수 없는 것으로 본다. 예를 들어, 정보통신 기술의 발전에 따른 '자본재 가격하락 → 기술변화 → 노동력 대체'의 메커니즘도 글로벌화(예를 들어, 글로벌 가치 사슬)을 전제로 하여 가능한 것이고, 정책 요인(예를 들어, 자본에 대한 과세 완화)도 글로벌화 때문에 발생하는 내생적 요인으로 볼 수 있다는 것이다. 밀라노비치의 이러한 설명이 물론 새로운 것은 아니지만, 1980년대 이후 주요 선진국들의 불평등 심화의 원인에 대한 다양한 분석과 연구, 그리고 논쟁의 결과를 나름대로 체계적으로 정리한 것으로 볼 수 있다.

그러나 밀라노비치는 T-O-P의 과잉설명(over-determination)

문제도 제기하고 있다. T-O-P 요인이 1970년대 이후 불평등의 심화를 모두 설명할 수 있는 것은 아니라는 것이다. 예를 들어, OECD(2011)는 1980년대 중반부터 2008년 사이 고소득 국가의 불평등 심화는 남성 사이의 소득격차 증가 40%, 남성의 근로 참여 20%, 동류혼과 가족구조 변화 22%, 여성의 근로 참여 -19%, 그리고 나머지 40% 정도는 설명되지 않는 것으로 분석하고 있다.

그리고 T-O-P 요인 이외의 중요하게 고려할 +α 요인들로 두 가지를 들고 있다. 하나는 피케티가 『21세기 자본』(Piketty 2014)에서 제기했듯이 자본(자산)의 영향이다. 다른 하나는 스티글리츠의 『불평등의 대가』(Stiglitz 2012)와 라이히의 『자본주의를 구하라』(Reich 2016)에서 강조된 것으로 금권 집단의 지대 추구 행위(rent-seeking behavior)가 강화되었다는 점이다. 부유층이 자신에게 유리한 방식으로 법규정을 제정하고, 정치적 과정에 영향력을 행사하는 정도가 크게 강화되었다는 것이다. 소득 수준이 높은 나라에서 발생하는 2차 쿠즈네츠 파동에서 불평등 상승 요인으로 기술, 글로벌화, 제도 요인 이외에 축적된 자산에 의한 불평등의 심화와 지대추구 행위의 강화 문제를 봐야 한다는 것이다.[1]

---

1 　밀라노비치(2016)는 쿠즈네츠 2차 파동에서 불평등을 낮출 수 있는 요인으로 다음 다섯 가지 요인들을 제시하고 있으나 당분간은 회의적으로 보고 있다. 세율인상과 누진과세와 같은 정책 변화(중위투표자가설이 잘 작동하지 않기 때문에, 이 요인이 불평등을 완화하는 데에는 회의적이다), 교육과 숙련의 경쟁에서 교육의 승리(13년 이상 교육이 지속적으로 확대하는 것에는 한계가 있고 교육품질개선은 자질과 관심사의 불일치 문제에 직면할 것이며, 기회평등에도 한계가 있다는 점에서 회의적이다), 지대의 소멸, 글로벌한 차원의 소득 수렴 현상(즉, 제조업의 해외이전이 종료되어 고소득국가의 중산층 공동화 현상이 더 이상 진행되지 않는 것이다. 그러나 여전히 인도, 아프리카, 베트남 등이 남아 있다는 점에서 한계가 있다고 평가한다), 저숙련편향기술변화의 가능성(이론적으로만 가능성이 있을 뿐이

## 2) 자본은 정말 돌아왔는가?

최근 불평등 연구에서 가장 많은 주목을 받은 것은 단연 피케티(2014)이다. 그의 주장을 한마디로 하자면, 자본이 돌아왔다는 것이다(Capital is Back!). 자본 개념과 포괄 범위와 관련하여 많은 논쟁이 벌어지고 있지만, 그에 따르면 소득과 구분되는 자산의 문제가 불평등 증가의 핵심이다.

피케티는 자본수익률이 경제성장률(소득증가율, g)보다 높아지면, 자본-소득 비율인 $\beta$값이 상승하고, 이는 자본분배율($\alpha$)을 높이고 불평등을 확대한다고 설명한다. 이는 자본주의의 제1법칙(자본분배율≡자본수익률×자본소득비율, $\alpha \equiv r \times \beta$)과 자본주의 제2법칙(자본소득비율은 저축률/경제성장률로 수렴, $\beta \rightarrow s/g$), 그리고 불평등 강화의 핵심적 관계 (r)g)로 설명된다. 자본(자산)[2]으로 얻는 수익이 소득이 증가하는 것보다 더 높으면 $\beta$값을 올리고, 이어서 $\alpha$값도 올려 불평등을 확대한다는 것이다.

이러한 피케티의 주장에 대해서는 많은 비판과 논쟁이 이어졌다. 가장 논쟁적인 부분은 자본(자산)의 비중이 커지는 데에도 불구하고 자본에 대한 수익률이 올라간다는 부분이다. 전통적인 국민계정이나 솔로(Robert M. Solow)의 성장모형에서는 경제성장률이 낮아지면 저축률도 낮아지고 이자율(자본수익률)도 낮아진다. 또한 자본의 비중이

라고 평가한다) 등이 그것이다.

**2**　피케티(2014)의 자본 개념에는 생산 관련 자산뿐만 아니라 비생산자산인 토지, 자원, 그리고 금융자산까지 포괄한다. 다만, 법인보유자산은 최종적으로 민간 또는 정부 소유로 귀결될 것으로 보고 부의 개념에 포함시키지 않았다. 법인자산은 제외되고 고정자본소모는 포함된다.

올라가면 자본수익률은 떨어지게 되어 있다. 이는 자본과 노동의 대체탄력성[3]이 1 이하이기 때문이다. 이에 대해 피케티는 이론이 문제가 아니라 역사적으로 나타난 사실에 근거하고 있다는 점을 강조한다. 피케티는 자본-노동 대체탄력성이 역사적으로 1.3~1.6이었다고 대응한다.

또한 $\beta$값의 상승은 경제성장률이나 자본수익률보다는 주택자산과 자본이득으로 설명된다는 주장도 제기되고 있으며(Rognlie 2014), 비생산적인 자산인 주택자산과 관련된 지대 추구가 r〉g 현상과 관련이 될 수도 있다(Allègre and Timbeau 2014). 주택자산은 유럽국가들의 경우 순자산의 80%, 미국에서도 60%를 차지할 정도로 비중이 크다(Iacoviello 2010). 보리와 라이힐린(Borri & Reichlin 2015)의 주택비용상승(housing cost disease) 가설에 따르면, 제조업에서는 노동생산성이 상승하는 데 반해 건설업에서는 생산성이 정체되면서 주택가격의 상승이 초래하고 이것이 자산-소득 비율의 증가와 자산불평등의 주요 원인이 된다고 주장한다.

스티글리츠(2015a, b, c, d, e)도 피케티의 논리를 비판하면서, 피케티의 주장에 따를 경우에 3가지의 퍼즐이 발생한다고 지적한다. 첫째, 피케티의 주장대로 "소득-자산 비율($\beta$)이 증가하는데 임금은 정체되고 이자수익률은 하락하지 않는 전형적인 현상"은 자산을 자본으로 보는 전통적인 생산함수 모델에서는 가능하지 않다. 둘째, 자본과 노동의 대체탄력성이 1보다 작은 상황에서(많은 연구들이 이를 실증

---

**3**   자본-노동의 대체탄력성이 1 이상이란, 상대가격(자본가격(자본수익률) 대비 노동가격(임금))이 1% 상승하면 자본에 의한 노동의 대체가 1% 이상 이루어진다는 것을 의미한다.

하고 있듯이), 자본이 증가하면 노동분배율은 증가해야 하는데 현실에서 노동분배율은 하락하는 것으로 나타나고 있다. 셋째, 저축은 감소하는데 소득-자산 비율은 증가한다. 이는 국민계정에서 '저축'으로 설명되지 않는 자산이 존재한다는 점을 시사한다.

따라서 스티글리츠는 자본과 자산을 구분해야 한다고 주장한다. 위의 퍼즐들은 측정된 자산(measured wealth)을 생산적 자본(productive capital)과 구분하면 해결될 수 있다는 것이다. 즉, 자산은 증가하지만 자본은 증가하지 않는다는 것이다. 그리고 생산적 자본으로 설명되지 않는 부분을 '자산잔차'(Wealth Residual)라고 명명하고 이러한 잔차를 만들어내는 것을 '지대'(rent)로 파악하고 있다.

### 3) 불평등과 지대

지대는 토지에 대한 배타적 소유에 따라 발생하는 토지 지대(land rents)뿐만 아니라 시장독점에 기인하는 착취지대(exploitation rents)와 과도한 지적재산권 보호에 따르는 수익(returns on intellectual property) 등도 포함한다. 착취지대의 사례로 금융지대를 들 수 있다. 금융시장에서의 내부거래, 약탈적 대출, 반경쟁적 관행으로 지대가 창출되거나, 금융위기 시의 '대마불사' 논리로 은행의 가치를 과대평가하게 만드는 과정(공공부문의 자원이 민간부문으로 이전되는 공적자금)에서 발생하는 금융지대도 착취지대라고 할 수 있다. 스티글리츠는 자산(부)의 증가는 대부분 지대의 자본화된 가치(capitalized value of rents)로 보고 있으며 지대의 증가는 사회적 후생에 부정적 영향을 미치는 것으로 보고 있다.

스티글리츠(Stiglitz 2015e)는 토지는 위치가 중요한 일종의 위치재(positional goods)이고, 토지거품은 시장경제의 자연스러운 한 부분이기 때문에, "거품경로"(bubble paths)를 따라 경제의 실질적인 자산(real asset)은 증가하지 않음에도 측정된 자산(measured assets)은 증가할 수 있다고 지적하고 있다. 따라서 토지 수익(자본 이득 포함)에 대한 과세는 소득증가와 불평등 완화에 기여할 수 있고, 토지가치와 금융시스템이 연계되어 있기 때문에 금융규제와 통화정책은 불평등을 완화할 수 있다고 보면서, 지난 수년 사이에 역사적으로 유래가 없는 글로벌한 차원에서의 주택 가격의 상승이 있었다는 점에 주목한다(Knoll et al. 2014, 2015).

한편 쿠마르(Kumar 2016)는 또 다른 해석을 제시한다. 원래 자산은 저축을 통해 축적(volume effects)되거나, 기존 자산가치의 상승(price effects)으로 축적되는데(price effects), 자산가격상승(특히 부동산 가격상승)으로 미국의 부가 증가했다는 주장은 '부동산자산의 평등화 효과'를 간과하거나[4] 소득과 부가 동시에 증가한다는 사실을 무시하는 것으로 보았다. 쿠마르는 미국에서 상위 1%의 저축 증가가 자산 불평등을 증가시켰다는 가설을 제시한다. 즉, 상위 1%는 높은 연봉, 또는 자산소득, 또는 사업소득으로 막대한 소득을 벌어들이고 이를 다시 저축하여 자산을 축적한다는 것이다. 전체적인 가계저축률이 하락하고 있지만 상위 1%의 저축률은 증가하고 있다는 사실이 이를 뒷

---

**4**　일반적으로 부동산자산은 금융자산에 비해서 불평등 수준이 낮고, 부동산자산 비중이 높은 국가일수록 자산불평등도가 낮은 것으로 알려져 있다(Azpiarte 2010; Lindner 2011; Bezrukovs 2013; Kaas et al. 2015; Bogliacino and Maestri 2016). 그러나 한국 사례는 이러한 부동산 자산의 불평등 완화 가설을 지지하지 않는 것으로 나타났다(정준호·전병유, 2017).

받침한다는 것이다. 기업저축의 증가는 상위 1%의 가계소득으로 전가될 수 있는 경로가 있는 반면, 하위 99%는 연금과 사회보장비 등으로 저축률이 하락하는 것으로 나타나고 있다는 것이다.

밀라노비치(2016)도 자본-노동 대체탄력성이 상승함에도 생산의 자본집약도 역시 상승하면서 자본분배율이 더 높아지고 있는 것은 사실이고, 자본소득 집중도가 높아지면 개인 간 소득불평등 정도도 상승했던 것으로 보고 있다. 다만, 자산 축적과 자산 불평등은 부동산 가격의 상승보다는 이른바 '일하는 부자'(working rich)의 증가에 따른 현상으로 파악한다. 높은 근로소득을 보이는 개인(가계)이 높은 자본소득을 벌어들이는 경향이 뚜렷하다는 것이다. 이는 '부자=자본가, 빈자=노동자'라는 구(舊)자본주의의 패러다임이 더 이상 성립하지 않는다는 것을 의미하며, 근로소득과 자본소득의 상관관계가 높아지는 신(新)자본주의로 전환하는 현상을 반영하는 것으로 본다. 자본과 노동이 동시에 불평등의 근원이 되는 신자본주의는 자본과 노동의 주체가 완전히 다른 구자본주의와는 다르다는 것이다. 라크너와 앳킨슨(Lakner and Atkinson 2014)에 따르면, 실제로 높은 근로소득자와 높은 자본소득자가 점점 더 일치하고 있으며, 피케티와 사에즈(Piketty and Saez 2014)의 분석에서도 상위 1%에서 근로소득의 비중이 증가하는 현상을 확인하고 있다.

여기에 이른바 동류혼(assortive mating)으로 맺어진 고소득 부모는 노동과 자본으로 더 많은 소득을 획득하고 이 소득을 활용하여 저축과 주식투자로 엄청난 자본을 축적하며, 동시에 자녀교육에 많은 투자를 하고, 자녀가 막대한 자본자산을 물려받을 뿐만 아니라 고소득 직업까지 가지게 되면 불평등은 2세대 이상 세습되기 마련이다. 일하는 부자의 문제는 능력주의라는 외관때문에 정치적으로 극복하기도 어려우며 그 때문에 포퓰리즘의 등장까지 초래하는 것으로 본다. 이른바 이 책의 핵심 주제인 다중격차 재생산의 구조화인 것이다.

### 4) 자산불평등과 소득불평등

소득과 자산이 금융시장과 금권정치를 매개로 하여 주거와 교육, 결혼(동류혼)과 결합하여 복잡하게 얽혀있는 다중격차하에서 사회적 균열선은 전통적인 방식과는 매우 다르고 복잡해질 수 있다. 예를 들어, 스티글리츠도 생애저축(life cycle savings)이 거대한 규모로 축적되고 있는 현실에서 자본소유주 대 노동자, 채권자 대 채무자라는 전통적인 사회 분화(traditional division of society)만 가지고 정책이 분배에 미치는 영향을 이해하기는 어렵다는 점을 지적한다. 자산을 다음 세대로 이전시키는(상속과 증여) 자본가와 생애저축을 하는 노동자, 그리고 지분소유주(the owners of equity)와 채권 소지자(the holders of debt instruments)라는 균열선이 조세, 금융, 통화정책의 영향을 설명할 때 더 중요하다고 지적하고 있다.

또한 자산불평등은 소득불평등에 비해서 경제성장에 미치는 부정적 영향일 클 수 있다. 자산불평등이 경제성장에 미치는 영향을 분석한 바그치와 스베이나르(Bagchi and Svejnar 2016)에 따르면, 자산을 정치적 연줄을 통해서 얻어진 부(cronyism), 혁신과 기업가정신으로 얻어지는 부, 그리고 상속을 받은 부 등으로 구분하고, 상속받아 부를 축적한 부자가 전체의 54-72%를 차지하며 정치적 연줄을 통해서 얻어지는 부가 4-13%를 차지한다고 분석하였다. 이중에서 정치적 연줄을 통한 부나 상속받은 부의 축적은 성장에 유의한 부정적인 영향을 미치며, 혁신을 통해 축적된 부는 경제성장에 유의한 영향을 미치지 않는다는 사실을 실증적으로 밝혀냈다. 상당 부분의 자산이 상속과 지대 추구 행위로 축적되어 있다는 점을 감안할 때 자산불평등은 경제성장에 부정적인 영향을 미칠 수 있다고 판단된다.

피케티의 연구 이후에 이루어지는 이러한 논쟁들은 그것의 옳고 그름을 떠나 불평등의 동인과 추이, 전망에 많은 시사점을 제공해준다. 이하에서는 불평등과 관련한 이러한 국제적 논쟁을 참고로 하여 한국의 불평등의 추이와 구조를 해석해보고자 한다.


## 2. 한국의 불평등 추이와 구조적 특성

### 1) 1997년 이전의 불평등

1997년 이전 한국 자본주의는 한국전쟁과 토지개혁으로 기존의 '자산'을 해체하여 상대적으로 평등한 기회의 조건하에서 빠른 경제성장을 통한 소득과 기회의 창출로 불평등 심화의 사회적 균열 효과를 억제한 것으로 평가된다. 이른바 동아시아의 기적이며 공유된 성장(shared growth) 이론이다(World Bank 1993; Campos and Root 1996). 〈그림 4.1〉에서 보듯이, 기존의 정부의 공식통계와 연구들(Kwack and Lee 2007; Choo 1979, 1982; Yoon 1987)은 경제개발이 본격화된 70년대 중반 이후 불평등이 증가하였으나 80년대에 들어와서는 불평등이 안정화한 것으로 보고, 한국을 쿠즈네츠의 역 U자 가

**〈그림 4.1〉** 지니계수의 역사적 추이

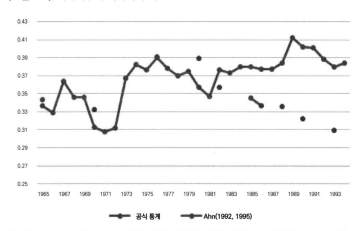

주 1: The figures of the years 1965, 1970, 1976, 1982, 1986, and 1990 are from Choo et al.; those of the years 1980, 1985, 1988 and 1993 are from the Social Statistical Survey.
주 2: Ahn(1992)'s time series data until 1981 and Ahn(1995)'s since 1982.
출처: 전병유(2017)에서 재인용.

설이 적용되는 사례로 간주하였다. 그러나 안국신(Ahn 1997)은 공식 통계가 초고소득층의 과소대표 문제와 자산소득 과소평가 문제를 가진다고 비판하면서 과세자료로 분석했을 때, 80년대의 소득불평등은 하락하지 않았으며, 소득불평등이 하락하기 시작한 것은 1989년 이후의 현상으로 보았다. 국세 자료를 활용한 소득집중도 연구들(김낙년 2012; 김낙년·김종일 2013; 홍민기2015a, b)은, 소득의 상위 계층으로의 집중도가 경제개발이 시작된 60년대 중반 이후부터 적어도 80년대 후반까지는 지속적으로 증가하다가 80년대 후반 이후 감소한 것으로 분석하고 있다. 최근 홍민기(2015a, b)도 1980년대에 상위 1%, 10%의 소득과 임금이 지속적으로 증가하고 있음을 보여주고 있다.

이러한 분석에 따르면, 불평등 하락 기간은 1980년대 후반 이후 매우 짧은 기간이었던 것으로 판단할 수 있다. 즉 쿠즈네츠 1차 파동에서의 하강기, 즉 불평등이 완화된 기간은 80년대 후반 이후부터 90년대 중반까지의 매우 짧은 기간이었다. 이 기간은 이른바 1987년 체제의 형성기로 대자본에 대한 노동의 대항적 조직화로 전문관리직 등의 최상위계층과 생산직과의 격차가 줄어들었고, 3저호황으로 내수 시장이 활성화되면서 저임금-저소득 계층의 소득이 증가했던 시기로 볼 수 있다. 〈그림 4.2〉에서 보듯이, 대졸 이상과 대졸 이하 사이의 학력별 임금격차는 80년대 중후반 이후 빠르게 감소한다. 따라서 1960년대 초부터 1990년대 중반까지를 쿠즈네츠 제1파동기로 볼 수 있을 것이다.

다만, 〈그림 4.3〉에서 보듯이, 1989-1991년 간 기업 규모별 임금격차는 이 기간 중에 크게 확대되었다. 이후 1992-1997년까지 기업 규모별 임금격차는 더 이상 확대되지는 않았지만, 외환위기 이후 대기업과 중소기업 사이의 임금격차는 빠르게 확대되기 시작한다. 이른바 대기업과 중소기업 사이의 임금격차로 대변되는 노동의 이중화는 1997년 이후 고용형태의 비정규직화가 결합되면서 빠르게 진전되었다. 이병천(2013)은 이를 한국형 갑을자본주의의 결과로 이해하고 있다. 재벌로 대표되는 소수 내부자가 이익을 독식하면서 위험과 비용을 다수 외부자와 국민경제 전반에 전가하는 체제라는 것이다. 그 결과가 노동시장 분단, 대중소기업관계, 광범한 자영업자 등을 포함한 한국 특유의 내부자-외부자 이중구조가 형성된 것이고, 대중소기업 간 임금격차는 이를 반영하는 것이다.

이러한 노동의 이중화는 이후 한국의 불평등 문제의 핵심적 요인으로 작용하게 된다. 90년대 중반 이후의 기술변화, 글로벌화, 제도변

**〈그림 4.2〉** 학력별 임금격차와 대졸자 임금프리미엄 추이(10인 이상 사업체) (단위: %)

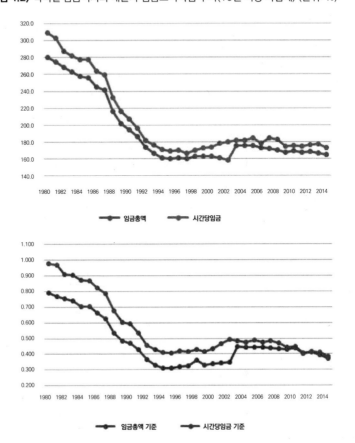

주 1: 임금총액=정액급여+특별급여/12. 시간당임금=임금총액/정상근로시간.
주 2: 임금프리미엄은 로그임금을 종속변수로 하고, 성, 연령, 연령제곱, 근속년수,
근무형태(전일제–시간제), 사업체규모, 연도더미 등을 통제변수로 하고, 연도더미*학력더미(대졸이상
=1, 대졸 미만=0) 변수에서 계산하였음.
출처: 고용노동부, 임금구조기본조사, 각년도 원자료.


화는 재벌체제 하에서 노동의 이중화를 강화하는 방향으로 작용하면

서 한국에서의 소득불평등을 심화하는 가장 중요한 요인으로 작용하

게 된다.

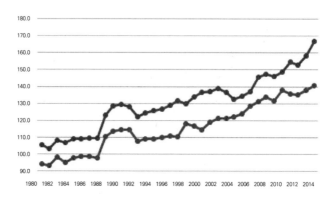

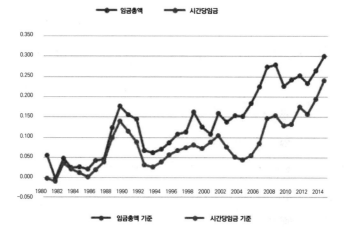

주와 출처: 〈그림 2.2〉와 동일.

한국경제는 1990년대 중반 이후 고소득국가형 쿠즈네츠 2차파동
이 시작된 것으로 볼 수 있다. 개방경제체제로의 전면적 이행으로 금
융시장의 자유화와 대중국 무역과 아웃소싱의 확대, 노동-숙련을 배
제하는 높은 수준의 자동화, 노동시장의 유연화와 같은 자유주의적
정책전환 등 T-O-P 요인들이 불평등을 심화하였다고 볼 수 있다. 다

른 한편에서는 개발연대에 축적된 자산(재벌과 땅)의 독점에 기초한 지대추구와 금권정치(정경유착)가 이 기간 동안 불평등 심화의 + α 요인으로 작용한 것으로 그려볼 수 있다.

이른바 '87년체제'는 국가 통제로부터 벗어나 자유로운 시장에서 독점력을 행사하는 재벌체제가 공고화되는 시기이기도 하다. 1987년 체제에는 경제적으로는 국가로부터 독립한 재벌대기업들이 1992년 중국과의 수교와 교역 재개를 계기로 형성된 동아시아분업구조의 형성을 배경으로(이일영 2012), 노동과 숙련을 배제하는 수출주도 경제체제이며(전병유·정준호 2015), 자본의 자유화가 이뤄지면서 수익 중심의 기업지배구조가 강화된 경제체제(이병천 2011)로 정의해볼 수 있다.

### 2) 1997년 이후의 불평등

1990년대 중반 이후 3저호황과 90년대 초반의 대규모 투자에 의한 불평등 완화 효과는 외환위기로 사라져 버렸다. 노동-숙련 배제형 생산체제는 1997년 이후 수익추구형의 기업지배구조 체제와 맞물려 노동분배율의 하락과 임금격차의 확대를 초래함으로써 불평등 심화의 토대를 형성하였다. 자본장비율이 높을수록 임금격차는 더욱 커졌다(정이환 2013).

1990년대 이후 한국경제의 불평등을 밀라노비치의 가설에 따라 쿠즈네츠 제2파동으로 해석한다면, 이 파동에서 T-O-P 요인들은 서로 상호작용하면서 불평등을 확대하였다. 수출대기업 주도의 경제성장, 경제적 개방과 동북아 분업구조의 형성, 1987년 민주화와 노동자 대투쟁, 그리고 1997년 외환위기를 거치면서 형성된 제도들 사이의 상호작용이 불평등을 높인 것으로 판단된다. 국가에 의한 시장과 자본 통제 메커니즘의 해체(대중소기업간 관계에 대한 국가의 통제 해제에 따른 봉건적인 외주하청시스템의 형성), 기업별 노동조합 체제와 같은 제한적 민주주의, 외환위기에 따른 자본시장의 자유화와 노동시장의 유연화 등이 서로 결합하면서 불평등을 심화한 것이다. 경제적 개방은 기회의 확대와 교육의 역할 증대를 동반하지만, 개발연대(국가 형성 과정에서) 공적 자원의 지원으로 축적된 자산이 사유화(재벌체제와 자본이득)되면서 개방에 의한 불평등 완화 효과를 약화시킬 수 있다. 또한 시장자유화로 노동시장이 유연해져도 중소기업에서의 양질의 일자리가 지속적으로 창출될 경우, 교육은 새로운 계층 사다리가 될 수 있다. 그러나 재벌체제에 따른 노동의 이중화는 이러한 경로를 차단한다.

한편, 쿠즈네츠 제2파동기의 정책 선택도 불평등을 심화시켰다. 1998년 정리해고법과 파견법을 시작으로 진행된 노동시장 유연화로 대표되는 시장규제 완화는 정규직과 비정규직 사이의 임금격차를 확대하였다. 소득세에 대한 최고세율도 1975년 종합소득세제가 도입된 이후 80%에 달하였지만, 이후 80년대에 50-60% 수준으로, 1997년 이후 40%대로, 2005년에는 35%까지 떨어졌다가 2011년 3억 원 구간 신설로 38%를 적용하고 있다. 최고세율의 인하는 최상위 계층의 가처분소득을 증가시켰을 뿐만 아니라 초고소득을 사회적으로 용인하고 여기에 인센티브를 부여한 것이다. 정부지출(사회복지지출)의 증가로 재분배를 통한 불평등 완화 효과는 점차 증가하였지만 시장규제 완화에 따른 불평등 효과를 억제할 수는 없었다.

반면, 87년 체제로 형성된 노동의 대항력은 대기업-정규직이라는 매우 한정된 영역으로 한정되어 버렸다. 노동조합의 임금 프리미엄은 존재하지만, 노동조합이 기업 이윤을 삭감하는 힘은 위기 이전에 비해 현저하게 떨어졌다(Lee 2012). 노동조합은 임금 내 불평등을 줄이는 연대임금 전략에도 성공하지 못했고(이정현 2004; 황덕순 2011; Hwang and Lee 2011), 임금과 이윤의 분배에서도 임금 몫을 높이는 데 성공하지 못했다. 노동조합은 오히려 87년 이후(특히 97년 이후) 노동자를 보호하고 기업의 과도한 이윤을 통제하는 대항력을 유지하지 못했다. 한국에서 노동조합이 기업의 이윤율에 미치는 영향을 실증 분석한 이제민(Lee 2012)에 따르면, 노동조합은 오히려 권위주의 체제 기간(1981-1986)에 개별적 근로자에 대한 보호와 약한 금융시장 규율 하에서 기업의 이윤율을 낮출 수 있었지만, 민주화 기간(1988-1996) 중에는 이 효과가 줄어들었고 1997년 경제 위기 이후 노동조합은 개인 근로자 보호가 약화되고 금융 시장 규율이 강화되면서 기업의 수익성을 낮추지 못했다. 노동조합의 기업수익성 통제 효과를 억제하는 데 있어서 구조 조정과 개혁이 정치적 억압보다 더 효과적이었다는 것이다.

노동시장에서의 이중화에 따른 불평등의 심화 이외에 한국의 다중격차의 다른 한축은 자본의 귀환이다. 한국에서의 불평등의 심화는 소득에 대한 자산의 우위 현상으로부터도 접근할 수 있다. 앞에서 검토한 대로, 피케티의 자본주의 법칙은 자본수익률이 일정할 때 소득대비 자산의 비율(β값)이 커지면, 소득에서 자본의 몫이 커지고(노동분배율이 하락하고) 자본의 몫이 커질수록 불평등은 심화한다는 것이다. 〈그림 4.4〉에서 볼 때, 한국에서도 이른바 β값은 지속적으로 그리

<그림 4.4> 국민순소득 대비 순자본스톡의 비중(사적 부문의 β값) (단위; %)

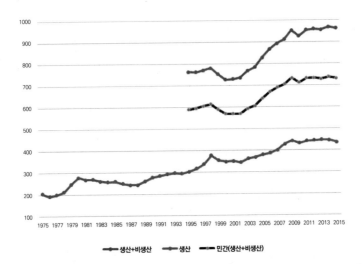

주: 사적 부문은 비금융법인, 금융법인, 가계및비영리 등을 포함하고 정부 부문을 제외한 것이다. 정확한 방식으로 피케티의 β값 추정을 위해서는 자본 항목에서 법인부분을 제외하고 고정자본소모를 포함해야 하며, 금융자산을 포함해야 한다. 이 그림에서는 이러한 조정을 하지 못했으나, 이 부분들이 추세의 차이를 가져오지는 않는 것으로 판단된다.
출처: 한국은행, 국민대차대조표.

고 빠른 속도로 상승했다.

앞에서 검토한 대로, β값의 증가 요인은 저축, 자본이득, 그리고 지대라고 할 수 있다. 피케티 방법론에 대한 다양한 국내 연구들이 진행되었지만 이우진과 윤영훈(Lee and Yoon 2015)의 분석 결과를 보면, β값은 1966년에서 2013년까지 지속적으로 증가하였고, 사적부문 자산 증가의 상대적으로 많은 부분이 자본이득의 증가에 기인한 것으로 분석한다. 즉, 사적 부문의 실질자산증가율은 8.5%로 저축으로 인한 자산증가율 3.5%와 자본이득으로 인한 자산증가율 4.8%로 분해된다는 결과를 도출하여, 자산 증가의 50% 이상이 자본이득 때문인

**〈그림 4.5〉** 자기자본순이익률과 경제성장률 추이 (단위: %)

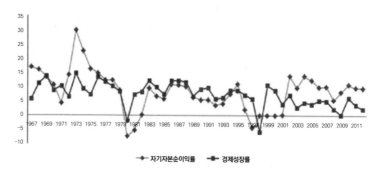

출처: 한국은행, 기업경영분석, 국민계정 각 년도

것으로 분석했다[5]. 또한, $\beta$값이 다른 OECD 국가들에 비해 상대적으로 높은 것으로 나타났는데, 그것은 정부 소유 자산 비중이 높다는 점이외에, 한국의 토지 가격이 국민 소득 수준에 비해 높기 때문인 것으로 분석하고 있다.

한편 1990년대 후반 이전에는 자본수익률은 소득증가율보다 낮았지만, 그 이후에는 자본수익률이 소득증가율을 능가한 것으로(r〉g) 분석했다. 자본수익률을 어떻게 정의하느냐와 관련한 여러 쟁점들이 있지만 〈그림 4.5〉에서 보듯이, 한국은행의 기업경영분석 자료를 활용하여 계산한 자기자본순이익률과 경제성장률을 비교해보면 1990년대 후반 이후 자기자본순이익률이 경제성장률보다 높아졌다는 사실은 이우진과 윤영훈의 분석 결과를 지지하는 것으로 보인다.

**5** 1966-1979 년 기간은 자본 이득으로 인한 부의 증가가 가장 큰 기간으로 나타났고 이 기간 중 자산 증가의 약 70 %는 자본 이득에 기인하는 것으로 분석하고 있다.

한국의 경우 경제발전 과정에서 부동산 취득에 따른 자본이득이 $\beta$ 값을 높이는 기본 요인으로 작용한 것으로 판단된다. 그러나 한국에서도 1990년대 이후에는 피케티가 지적한 r>g의 법칙도 작동하기 시작한 것으로 볼 수 있다. 즉, 90년대 후반 이전의 경우 개발에 따른 자본이득이 상대적으로 더 큰 역할을 했다면, 90년대 후반 이후에는 자본이 소득보다 더 자기증식하기가 쉬워지는 사회로 전환되고 있다고 볼 수 있다.

한국에서의 $\beta$값의 증가는 경제성장과정에서의 높은 저축률, 재벌체제, 시장독점, 개발주의에 따른 지대와 자본이득의 창출, 자본수익률에 미치지 못하는 소득증가율이 복합적으로 작용한 결과로 해석해볼 수 있다. 물론, 이들 요인들은 시기별로 작동하는 방식이 다른 것은 사실이다.

$\beta$값을 높이는 일차적인 요인인 저축의 경우, 1997년 이후에는 외환위기 이후 가계저축률이 하락하고 기업저축률이 증가하면서 저축에 의한 자본축적이 주로 대기업에 집중되는 현상이 나타나고 있다. 또한 한국의 경우도 스티글리츠가 지적하고 있듯이, $\beta$값의 상승은 상당부분은 생산자본을 능가하는 비생산자본으로 지대추구행위의 결과일 수 있다. 한국에서 대표적인 지대창출의 메커니즘은 재벌체제와 토지지대라고 할 수 있다. 재벌은 국내 시장의 독점, 수직적계열화와 원하청구조[6]라는 폐쇄적인 네트워크의 구축, 정부의 각종 금융과 세제 지원, 비생산적 자산에 대한 투자를 통한 자본이득 등과 같이 다양한 형태의 지대를 추구하였다.

6    재벌대기업을 중심으로 하는 원하청구조는 일종의 폐쇄적인 플랫폼으로 플랫홈 소유자는 막대한 현금흐름을 지대 형태로 전유할 수 있다.

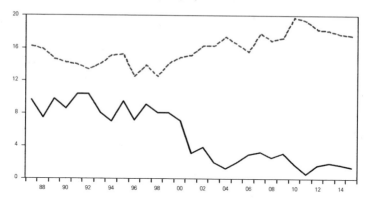

출처: 한국은행(http://www.bok.or.kr); 전병유 외(2017)에서 재인용.

　　백악관 경제자문회의(CEA)는 기업이윤의 증가와 실질 이자율 하락이 나타나 이들 간에 비수렴이 발생하는 것을 경제적 지대가 창출되고 있는 증거로 보고 있다. 경제적 지대가 없다면 기업이윤은 일반적으로 자본에 대한 적정 수익을 반영하는 이자율의 경로를 따를 것으로 예상된다는 것이다. 〈그림 4.6〉에서 보는 바와 같이 미국의 경우처럼 외환위기 이후 기업이윤이 증가하였지만 이자율은 떨어졌다. 기업이윤의 일부는 자본에 대한 '순수한' 보수가 아니라 경제적 지대의 증가를 반영하는 것으로 볼 수 있다. 이자율과 기업이윤 간의 비수렴은 신용위험 등과 여러 요인들에 의해 설명될 수가 있지만, 그러한 요인들이 비수렴의 확대를 완전히 설명할 수는 없다(CEA 2016: 41-42). 이러한 점에서 보면 지대가 창출되고 있으며, 이는 경제 전반의 불평등 강화의 요인으로 작용하고 있다. 외환위기 이후 수출주도형 재벌 대기업의 고성장이 한국경제에서 자본(기업)소득 증가를 추동하는 것으로 본다면 기업이윤과 이자율의 비수렴 현상은 재벌 대기업에 의해 주도되는 것으로 생각해 볼 수가 있다.

이러한 독점이윤과 자본이득은 다시 부동산자산 취득으로 이어진다. 〈그림 4.7〉에서 보듯이, 우리나라 비금융법인의 자산에서 설비투자 자산의 비중은 줄어드는 반면, 부동산 자산(건설자산, 토지자산)의 비중이 꾸준히 높아지고 있다는 것을 알 수 있다. 특히, 〈그림 4.8〉에서 보듯이, 기업 중에서도 상위 기업의 부동산 자산 취득 현상이 2006년 이후 뚜렷해지고 있다. 개인은 2006년 2,160조 원에서 2014년 3,274조 원으로 1,114조 원 증가(연 139조)한 반면, 기업은 2006년 500조 원에서 1,268조 원, 768조 원 증가(연 96조 원)에 달하였고, 특히, 상위 1% 기업은 2006년 314조 원에서 966조 원, 652조 원(연 82조 원 증가)이 증가했다. 이 기간 중 부동산 자산은 개인은 51.6%, 기업은 253.6% 증가하였으나, 상위 1% 기업(약 150여개 기업)은 307.6%나 늘어났다. 개인보다 기업, 기업 중에서도 상위 대기업들의 부동산 자산 취득 경향이 뚜렷하다는 것을 확인할 수 있다.

그 결과 개발과 독점으로 축적된 자산은 토지 지대(Land Rent)를 창출하는 주된 요소가 된다. 한국의 대표적인 토지 지대가 주택 재개발 과정에서 발생하는 지대일 것이다. 실질 주거용 건설공사비 지수가 2000년대 이후 증가하고 있으나 그 증가폭은 실질 아파트가격의 그것에 비해 상대적으로 작다. 반면에 실질 아파트가격 지수는 2000년대 중반에 크게 상승하였다. 그 이후 하락하다 최근에 다시 상승하고 있다. 2000년 이후 지속적으로 아파트 가격 상승이 건설비용을 초과하고 있다. 이는 미국의 사례를 제시한 주르코와 몰로이(Gyourko and Molloy 2015)의 결과와 거의 차이가 없다. 따라서 건설비용은 상대적

**〈그림 4.7〉** 비금융법인의 자산 구성 변화 (단위: %)

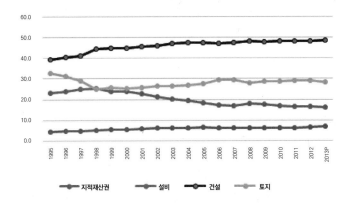

출처: 한국은행, 국민대차대조표.

**〈그림 4.8〉** 부동산 자산 추이(2006-2014년) (단위: 조원)

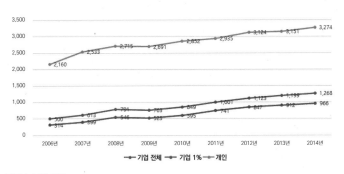

출처: 국토부. 내부 자료.

으로 매우 탄력적인 반면에 주택수요는 비탄력적이었다고 볼 수가
있다. 이에 더하여 주택가격 임대료가 임금보다 더 빨리 증가한다는
점에서 일종의 불로소득인 지대가 창출되고 있는 것으로 볼 수 있다
(전병유 외 2017).

**⟨그림 4.9⟩** 실질 건설비용과 주택가격

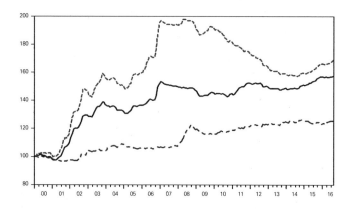

**⟨그림 4.10⟩** 국민순소득 대비 부동산 자산 비중 추이

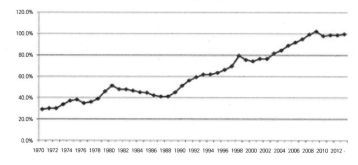

주: Gyourko and Molloy(2015)에 따라 CPI로 실질화하였음.
출처: 국민은행(http://www.kbstar.com); 한국건설연구원(https://www.kict.re.kr); 전병유 외 (2017)에서 재인용.

## 3. 다중격차의 구조와 정책적 함의

이상의 논의를 정리하면 다음과 같다. 한국에서의 불평등의 추이와 구조는 소득과 자산 두 차원에서 검토하기 위해 경제성장에 따른 소득과 자산의 불평등을 밀라노비치의 쿠즈네츠 파동 가설에 따라서 해석해 보았다. 특히 1990년대 중반 이후 소득 불평등의 전개 과정을 쿠즈네츠 2차 파동으로 정의하고, 자산 불평등은 자산 대비 소득 비율, 이른바 $\beta$값의 증가 경향을 피케티와 스티글리츠 등의 논쟁을 해석하는 방식으로 접근해보았다.

소득 차원에서는 기술변화와 글로벌화, 제도변화 요인들이 서로 상호작용하면서 재벌체제 하에서의 노동의 이중화를 심화시키면서 소득불평등이 심화되었다고 해석하였다. 또한, 자산 차원에서는 가계 저축의 감소와 기업 저축의 증가, 개발에 따란 토지지대의 증가, 소득성장률을 넘어서는 자본수익률 등이 $\beta$값을 높이고 불평등을 심화시키는 것으로 해석하였다.

따라서 한국에서의 다중격차의 하나의 특징은 이러한 소득과 자산의 이중적 격차 구조의 심화로 해석하고자 한다. 1990년대 중반 이후 중국과의 교역과 동아시아분업구조의 형성이라는 조건 하에서 추진된 자유화의 이득의 상당부분을 대기업들이 독점하면서 자산계층화하여, '소득 창출 방식의 왜곡', '자산에 의한 소득의 위계적 지배', '지대 추구행위의 만연과 혁신의 위축', '교육의 평등화 효과의 차단'으로 나타난 것이 한국의 다중격차 구조라고 볼 수 있다.

이러한 한국 사회의 다중격차 구조는 많은 정책적 함의와 과제를 던져준다. 노동배제적인 기술변화에 어떻게 개입할 것인가, 자동화

의 상한선을 둘 수 있는 것인가, 경제적 개방은 어느 수준에서 어떻게
관리할 것인가, 노동조합의 사회적 역할 제고와 배제된 노동의 조직
화는 가능한 것인가, 조세와 재정을 통한 재배분 정책과 보편적 사회
권에 기초한 복지정책의 방향은 무엇인가, 독점 규제와 정격유착 차
단, 불로소득 환수, 그리고 지대 공유와 플랫폼의 공적 성격을 강화하
기 위한 전략을 어떻게 설계할 것인가? 한국 사회의 수많은 경제사회
적 의제들이 한국의 다중격차 불평등 구조와 연결되어 있다.

# 참고문헌

김낙년. 2012. "한국의 소득집중도 추이와 국제비교, 1976-2010: 소득세 자료
　　에 의한 접근." 『경제분석』18(3): 75-114.

김낙년·김종일. 2013. "한국 소득분배 지표의 재검토." 『한국경제의 분석』
　　19(2): 1-50.

안종범. 2003. "한국경제발전모형의 정립을 위한 쿠즈네츠 가설의 재검토."
　　『경제학연구』51(3): 5-30.

이병천. 2013. "한국경제 전환의 인식과 대안-진보적 자유주의와 신개발주의
　　를 중심으로." 『경제와 사회』(100): 46-73.

＿＿＿. 2011. "외환위기 이후 한국의 축적체제." 『동향과 전망』(18): 9-69.

이일영. 2012. "87년 체제와 네트워크 국가." 『동향과 전망』(86): 44-77.

이정현. 2004. "한국 노동조합은 어느 노동자집단을 위한 조직인가? : 1987-
　　1999년까지 집단별 노조 임금 효과의 변화." 『인사조직연구』12(2): 105-
　　142.

이제민. 2016. "한국 외환위기의 성격과 결과 - 그 논점 및 의미." 『한국경
　　제포럼』9(2): 79-135.

정이환. 2013. 『한국 고용체제론』. 서울: 후마니타스.

전병유·정준호. 2015. "한국경제성장 체제의 재구성을 위한 시론." 『동향과 전
　　망』(95): 9-43.

전병유. 2017. "한국 불평등구조의 특성과 변화요인의 탐색적 연구." 경제인문
　　사회연구회·한국개발연구원 편.『경제성장과 소득분배』.

전병유·정준호·장지연·정세은. 2017.『한국경제 규칙 다시 만들기』. 서울: 책
　　과 공간.

정준호·전병유. 2017. "국가 간 비교 관점에서 본 한국의 자산불평등 - 한국,
　　미국, 스페인의 자산 불평등 비교를 중심으로." 미발간원고.

황덕순. 2011. "한국의 복지국가 발전과 노동." 『경제논집』50(3): 295-337.

홍민기. 2014. "노동소득 분배율과 개인소득." 이병희 외.『노동소득 분배율과

경제적 불평등』. 서울: 노동연구원.

홍민기. 2015a. "최상위 소득 비중의 장기 추세 (1958~2013년)." 『경제발전연구』 21(4): 1-28.

홍민기. 2015b. "최상위 임금비중의 장기 추세 (1958-2013년)." 『산업노동연구』 21(1): 191-220.


Ahn, Kookshin. 1992. "Trends in the Size Distribution of Income in Korea." *Korean Social Science Journal* 18: 27-47.

_____. 1995. "Economic Development and Income Distribution in Korea." *Journal of Economic Development* 1(1): 53-76.

_____. 1997. "Trends in and Determinants of Income Distribution in Korea." *Journal of Economic Development* 22(2): 27-56.

Allègre, G. and X. Timbeau. 2014. "The Critique of the Capital in the Twenty-First Century: In Search for the Macroeconomic Fundation of Inequalities." *OFCE Working Paper* 2014-10.

Atkinson, Anthony. 2015. *Inequality: What Can be Done?* Boston: Harvard University Press.

Auerbach, Alan J. and Kevin Hasset. 2015. "Capital Taxation in the 21st Century." mimeo.

Azpitarte, F. 2010. "The Household Wealth Distribution in Spain: the Role of Housing and Financial Wealth." *Hacienda Publica Española/ Revista de Economia Publica* 94(3): 65-90.

Bagchi, Sutirtha, Jan Svejnar, and Kendra Bischoff. 2016. "Does Wealth Distribution and the Source of Wealth Matter for Economic Growth? Inherited v. Uninherited Billionaire Wealth and Billionaires' Political Connections." in Basu, Kaushik, Joseph E. Stiglitz (Eds.). *Inequality and Growth: Patterns and Policy.* Palgrave Macmillan UK, 163-194.

Basu, Kaushik, Joseph E. Stiglitz (Eds.). 2016a. "Inequality and Growth: A Preamble1." *Inequality and Growth: Patterns and Policy: Volume I: Concepts and Analysis.* Palgrave Macmillan UK.

_____(Eds.). 2016b. "Inequality and Growth."

*Patterns and Policy: Volume II: Regions and Regularities*. Palgrave Macmillan UK.

Berg, Andrew and Jonathan D. Ostry. 2011. "Inequality and Unsustainable Growth: Two Sides of the Same Coin?" IMF Staff Discussion Note SDN/11/08.

Bezrukovs, D. 2013. "The role of housing in wealth inequality in Eurozone countries." ECB Conference on Household Finance and Consumption, 18. October 2013 in Frankfurt.

Bogliacino, Francesco and Virginia Maestri. 2016. "Wealth Inequality and the Great Recession." *Intereconomics* 51(2): 61–66.

Borri, N and P Reichlin. 2015. "The Housing Cost Disease." CEPR Discussion Paper 10756.

Bourguignon, Francois. 2015. *The Globalization of Inequality*. Princeton University Press.

Campos, E. J. and Root, Hilton. 1996. *The Kg to the Asian Miracle: making shared growth credible*. Washington D.C.: The Brookings Institution.

Choo, Hakchung. 1992. "Income Distribution and Social Equity in Korea." paper presented at KDI/CIER Joint Seminar, Apr. 1992.

Cobham, Alex and Andy Sumner. 2013. "Is it All About the Tails? The Palma Measure of Income Inequality." Center for Global Development Working Paper 343.

Galbraith, James K. 2012. *Inequality and Instability: A Study of the World Economy Just Before the Great Crisis*. New York: Oxford University Press.

Council of Economic Advisers. 2016. *The 2017 Economic Report of President*. The US White House.

Gyourko, Joseph and Raven Molloy. 2015. "Regulation and Housing Supply." *Handbook of Regional and Urban Economics, Elsevier B.V., Volume 5*, 1289–1337.

Hwang, D.S. and Lee, B. 2011. "Low wages and policy options in Korea: Are Policies working?" paper presented at the second conference of

Regulating for Decent Work, 6-8 July 2011, Geneva.

Iacoviello, Matteo. 2010. "Housing Wealth and Consumption." *International Finance Discussion Papers* 1027.

Kaas, Leo, Georgi Kocharkov, and Edgar Preugschat. 2015. "Wealth Inequality and Homeownership in Europe." *CESifo Working Paper Series* 5498.

Knoll, Katharina, Moritz Schularick, and Thomas Steger. 2015. "No price like home: global house prices." *Globalization and Monetary Policy Institute Working Paper.* Federal Reserve Bank of Dallas.

Kuznets, Simon. 1955. "Economic Growth and Income Inequality." *American Economic Review* 45: 1~28.

Kumar, Rishabh. 2016. "Personal Savings from Top Incomes and Household Wealth Accumulation in the United States." *International Journal of Political Economy* 45: 224-240.

Kwack, S.Y. and Y.S, Lee. 2007. "The Distribution and Polarization of Income in Korea: A Historical Analsis, 1965-2005." *Journal of Economic Development* 32(2): 1-39.

Lakner, Christoph, and Tony Atkinson. 2014. "Wages, capital and top incomes: The factor income composition of top incomes in the USA, 1960-2005." November version.

Lee, Jaymin. 2012. "Labor Unions and Firm Profitability under Different Political and Economic Environments: Evidence from Korea." *International Economic Journal* 26(4): 727-747.

_____. 2014. "Chaebol, Unions and Profitability of Korean Firms before and after the Crisis." *Managerial and Decision Economics* 35(3): 199-215.

Lee, Woojin and Younghoon, Yoon. 2015. "Capital in South Korea, 1966-2013." manuscript, Presented at the conference on Social welfare, justice and distribution.

Lindner, Peter. 2015. "Factor decomposition of the wealth distribution in the euro area." *Empirica* 42: 291-322.

Milanovic, Branko. 2013. "Global Inequality in Numbers: In History and Now." Global Policy, May.

_____. 2016. *Global Inequality: A New Approach for the Age of Globalization*. Harvard University Press. 밀라노비치, 브랑코. 서정아 옮김. 2017. 『왜 우리는 불평등해졌는가 - 30년 글로벌화가 남긴 빛과 그림자』. 서울: 21세기북스.

OECD. 2011. *Divided We Stand: Why Inequality Keeps Rising*. Paris:OECD.

OECD. 2014. "Focus on Inequality and Growth." http://www.oecd.org/social/inequality-and-poverty.htm

Reich, Robert. 2016. *Saving Capitalism: For the Many, Not the Few*. Vintage Books. 라이히, 로버트. 안기순 옮김. 『자본주의를 구하라 - 상위 1%의 독주를 멈추게 하는 법』. 서울: 김영사.

Rognlie, M. 2015. "Brookings Papers." BPEA Conference Draft.

Rowthorn, R. 2014. "Piketty'century." *Cambridge Journal of Economics* 38(5): 1275-1284.

Stiglitz, E. Joseph. 2015a. "New Theoretical Perspectives on the Distribution of Income and Wealth among Individuals: Part I. The Wealth Residual." *NBER WP* 21189.

Stiglitz, E. Joseph. 2015b. "New Theoretical Perspectives on the Distribution of Income and Wealth among Individuals: Part II: Equilibrium Wealth Distributions." *NBER WP* 21190.

Stiglitz, E. Joseph. 2015c. "New Theoretical Perspectives on the Distribution of Income and Wealth among Individuals: Part III: Life Cycle Savings vs. Inherited Savings." *NBER WP* 21191.

Stiglitz, E. Joseph. 2015d. "New Theoretical Perspectives on the Distribution of Income and Wealth among Individuals: Part IV: Land and Credit." *NBER WP* 21192.

Stiglitz, E. Joseph. 2015e. "THE MEASUREMENT OF WEALTH: RECESSIONS, SUSTAINABILITY AND INEQUALITY." *NBER WP* 21327.

Stiglitz, E. Joseph. 2016. "New Theoretical Perspectives on the Distribution of Income and Wealth Among Individuals" in Basu, Kaushik and Joseph E. Stiglitz (Eds.) "Inequality and Growth: A Preamble1." *Inequality and Growth: Patterns and Policy: Volume I: Concepts and Analysis*. Palgrave Macmillan UK, 1–71.

World Bank. 1993. *The East Asian Miracle: Economic Growth and Public Policy*. New York: Oxford University Press.

# 5장

# 다중격차와 사회통합의 다중장벽
## : 경제자본, 인적자본, 사회자본의 동조성

## 1. 경제자본, 인적자본, 그리고 사회자본

경제자본(economic capital), 인적자본(human capital), 사회자본 (social capital)은 국가의 경제성장과 사회발전에 기여함은 물론 각 유형의 자본 소유자 개인에게도 이익을 준다. 화폐, 상품, 생산수 단 등의 물질적 형태로 존재하는 경제자본(또는 물적자본, physical capital)의 소유자는 타인의 노동력을 활용하여 이윤을 획득할 수 있 으며, 대여를 통해 이자나 임대소득을 얻을 수도 있다. 교육과 직무 훈련을 통해 지식과 기술을 체화한 인적자본의 소유자는 더 높은 생 산성과 협상력으로 노동시장에서 더 높은 임금을 받을 수 있다. 개인 이 아닌 사회적 관계에서 파생되는 사회자본의 소유자는 사람들 간 의 신뢰와 결속을 통해 정보와 도움을 얻고 유대감 등 정서적 지지를 얻을 수 있다.

　만약 세 가지 유형의 자본 소유가 상대적인 독립성을 보여 경제자본이 없는 사람도 높은 인적자본을 갖고 있거나 경제자본이나 인적자본이 없는 사람도 사회자본을 갖고 있다면, 삶을 영위할 능력이나 동기는 여러 계층의 사람들에게 산재할 수 있다. 예컨대, 가난한 집에서도 자식이 명문대에 진학하여 사회적으로 성공하는 사례가 빈번하다면 경제자본과 인적자본의 소유가 완전히 동조화되어 있지 않고 교육을 통해 계층 상승을 도모할 수 있는 균열이 존재하는 것이다. 그리고 평균적인 소득과 학력이 높지 않은 어떤 달동네에서 이웃 간의 정만큼은 매우 돈독하여 가족처럼 어울리고 어려울 때 서로 기꺼이 돕는다면, 마을 공동체 주민들이 공유하는 사회자본은 매우 클 수 있다.

　그런데 반대로 세 유형의 자본 소유에 동조성이 강해 경제자본을 많이 보유할수록 인적자본은 물론 사회자본도 많이 보유하게 된다면, 이들을 모두 많이 가진 계층과 이들을 모두 적게 가진 계층 사이에 위화감이 크고, 다중적 결핍 상태에 놓인 계층이 느끼는 절망감의 골은 더욱 깊을 것이다. 이러한 유형별 자본 소유 면에서의 다중격차가 클수록 사회통합(social cohesion)에는 다중적인 장벽이 존재하는 셈이다.

　OECD(2011)는 사회통합의 세 축으로 ① 사회적 포용(social inclusion: 빈곤, 불평등 및 사회적 양극화의 현상과 관련되는 사회적 배제의 반대 양상), ② 사회적 자본(social capital: 개인적 신뢰와 다양한 형태의 시민 참여 수준), ③ 사회적 이동성(social mobility: 사회 내에서 지위를 이동할 수 있거나, 이동할 수 있다고 믿는 정도)을 거론하고 있다. 그런데 경제자본이나 인적자본의 보유수준에 따라 사회적 배제가 발생하거나 계층이동 전망에 체계적인 격차가 존재한다면, 이 역시 사회자본 보유수준의 불평등과 함께 사회통합의 장애요인이 될 것이다.

이 장에서는 사회적 포용과 사회적 이동성의 정도가 그 사회의 규범과 질서에 대한 구성원들의 수용과 준수, 즉 '시스템자본'의 형성에 영향을 준다고 보아, 이를 개인의 '관계자본'과 함께 사회자본의 영역에 포함시켜 분석한다.[1] 예컨대 계층이 고착화된 사회에서보다 계층 상향이동에 대한 긍정적 전망이 우세한 사회에서는 현재의 분배 상태와 그를 초래한 사회구조, 즉 현행 규범과 질서에 대한 구성원들의 수용성이 높을 것이다.

사회이동성과 관련하여, 한국은 역사·경제·사회적 요인으로 계층이동의 공간이 크게 열렸다가 닫혀온 것으로 보인다. 김희삼(2014)은 전국 남녀 성인 3,000명을 대상으로 응답자의 조부모, 부모, 자신과 장남 또는 장녀의 교육수준(학업을 마친 경우) 및 각 세대 내의 사회경제적 지위(10점 척도)를 질문하여 최장 4대에 걸친 계층 정보를 수집했다. 이 가운데 남성을 기준으로 교육수준과 사회경제적 지위의 대물림 정도(부자 간 상관계수)가 어떻게 변해왔는지를 살펴본 것이 〈그

---

**1** 에서(Esser 2008)는 사회자본을 관계자본(relational capital)과 시스템자본(system capital)으로 구분하고 있다. 관계자본은 사회관계 속에서 개인의 전략적 지위, 구성원 간의 신뢰와 책임의식 등인데, 개인의 투자 정도에 따라 달라지는 개인 차원의 자본이다. 한편, 시스템자본은 공동체를 효율적으로 통제하기 위해 존재하는 공동의 사회적 규범으로 개인 소유가 불가능하며 개인의 직접적인 노력과 투자의 결과로 형성되지도 않는다. 예컨대 이웃 간의 신뢰는 개인의 관계자본이지만 정부기관에 대한 공적 신뢰는 통치행위와 정책에 대한 수용성에 영향을 주는 시스템자본으로 보아야 할 것이다. 본고에서는 관계자본의 측정수단으로서 개인의 사회적 연결망을 관찰하며, 시스템자본의 형성을 위한 기반으로서 사회이동성의 정도를 살펴볼 것이다.

**〈그림 5.1〉** 교육수준과 사회경제적 지위의 세대 간 상관계수 추이

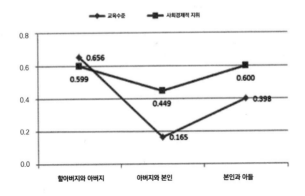

주: 교육수준은 학력별 교육년수이며, 사회경제적 지위는 해당 가족이 중년(40~50대)인 시기를 기준으로 해당 세대의 전체 한국인과 비교했을 때의 상대적인 위치로서 응답자가 10점 척도로 평가한 수치를 나타냄.
출처: KDI 행복연구 2013 자료(남성 응답자 1,525명 표본)를 이용해 필자가 계산함. 김희삼(2014)에서 재인용.

림 5.1〉이다.

부자 간 학력 상관계수가 응답자(20~69세 1,525명)의 할아버지와 아버지 간에는 무려 0.656이었으나, 아버지와 본인 간에는 0.165로 급락했다. 부자 간 사회경제적 지위의 상관계수도 0.599에서 0.449로 낮아졌다. 그런데 본인과 아들의 부자 간 학력(학업을 마친 성인 장남 229명 기준) 상관계수는 0.398로 반등했고, 사회경제적 지위(가상적 아들 포함 1,525명)의 상관계수도 0.6까지 높게 예상됐다. 조부에서 본인의 아들에 이르는 4대에 걸친 부자 간 계층 대물림이 아버지와 본인 간에 크게 낮아졌다가 본인과 다음 세대에서 다시 높아지는 V자형 추이로 인식된 것이다.

이러한 학력 대물림의 반등이 어떤 양상으로 일어나고 있는지를

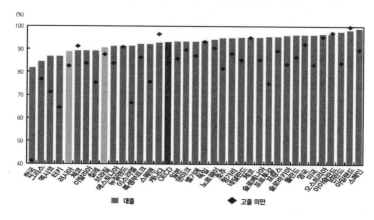

**〈그림 5.2〉** 믿고 의지할 수 있는 친척이나 친구가 있다는 응답 비율의 국제비교

출처: OECD, How's Life? 2013: Measuring Well-being, 2013.

살펴보면, 다중격차의 한 단면을 볼 수 있을 것이다. 특히, 경제자본과 인적자본의 동조성에 초점을 맞춰 사회경제적 배경에 따른 인적자본의 축적 정도 및 관련 투자의 차이를 살펴보고자 한다.

한편, 집성촌 대가족으로 상징되는 혈족 공동체, 이웃사촌으로 불리던 이웃 공동체, 정이 많은 사회로 여겨졌던 한국 사회에서 최근 사람들이 인식하는 사회적 연결망은 개인에게 안정감을 줄만큼 촘촘하지 못하다. 오히려 〈그림 5.2〉에서처럼 믿고 의지할 수 있는 친척이나 친구가 있다고 응답한 비율은 한국이 OECD 국가들 중에서 가장 낮다. 더욱이 이 비율이 한국에서는 학력별로 큰 격차를 나타내어 대졸자는 10명 중 8명이 믿고 의지할 사람이 있다고 답한 반면, 고졸 미만의 저학력자는 10명 중 4명만이 그렇다고 답했다. 한국인의 사회적 고립감이 상대적으로 높은 가운데 다른 어떤 나라에서도 볼 수 있는 교육수준별 사회적 연결망의 심대한 격차가 보고된 것이다. 인적자본과 사회자본이 동조화되어 있는 단면을 드러낸 결과로서, 필자가 경제자본 및 인적자본과 사회자본의 동조성을 확인하는 작업에 착수하는 한 계기가 되었다.

이러한 문제의식을 통해 경제자본, 인적자본, 사회자본이 한국 사회에서 얼마나 동조성을 보이는지를 실증적으로 고찰해볼 것이다. 자료의 가용성을 고려하여 경제자본은 주로 가구소득으로 측정하고, 인적자본은 교육수준 및 교육투자로 측정하며, 사회자본은 사회이동성에 대한 인식(시스템자본)과 사회적 연결망(관계자본)으로 파악할 것이다. 분석에 사용될 자료로는 통계청의 전국 단위 설문조사, 특히 통계청 사회조사 원자료와 사교육비 조사 결과 등이 주로 활용될 것이다.

본문의 내용은 다음과 같다. 먼저 2절에서는 경제자본과 인적자본의 동조성을 고교 유형별 가정 배경의 차이, 고교 유형별 대학 진학률의 추이, 소득수준별 사교육비 지출 격차를 통해 살펴본다. 3절에서는 인적자본과 사회자본의 동조성을 교육수준별 계층 상향이동 전망 및 사회적 연결망의 비교를 통해 파악한다. 4절에서는 경제자본과 사회자본의 동조성을 소득수준별로 계층 상향이동 전망과 사회적 연결망이 어떻게 다른지 살펴봄으로써 확인한다. 마지막 5절은 결론으로서 본고의 발견이 우리사회에 던지는 시사점을 논의한다.

## 2. 경제자본과 인적자본의 동조성

### 1) 고교 유형별 가정 배경의 차이

대입 중심의 교육 시스템에서 한국의 고등학교 체제는 일반인들의 인식 속에 과학고·외국어고·국제고 등 특수목적고(이하 특목고), 자율고(특히 자율형 사립고, 이하 자사고), 일반고, 특성화고(=실업계고=전문계고) 순으로 위계화되어 있다. 전기 모집인 특목고와 자사고에서 성적 제한 및 면접 등으로 우수한 학생을 먼저 뽑아가는 구조이다. 역시 전기 모집인 특성화고에 불합격한 학생도 일반고에 오게 되어 일반고 내의 학생들 간 학업성취도의 편차가 매우 큰 편이긴 하지만, 특성화고는 일반고보다 대학 진학이 아닌 취업을 목표로 하는 학생들이 상대적으로 많다. 결과적으로 교육을 받은 햇수로 측정한 인적자본은 특성화고 학생들이 평균적으로 가장 낮게 되어 있다.

그런데 〈그림 5.3〉이 보여주는 것은 고교 유형별로 재학생들의 가정 배경이 체계적인 차이를 갖는다는 점이다. 서울지역 고 1 학생의 아버지 학력과 직업군, 가구소득을 고교 유형별로 비교해보면, 특성화고, 일반고, 자율고, 특목고로 갈수록 아버지가 교육수준이 높고 상위직업군에 속하며 고소득가구라는 것을 알 수 있다. 즉, 학생이 속한 가구의 경제자본과 학생의 평균적인 학업성취도에 따라 위계화된 고교 유형이 밀접한 관련을 갖고 있다는 것이다.

**〈그림 5.3〉 서울지역 고1 학생의 고교 유형별 가정 배경**

– 아버지 학력

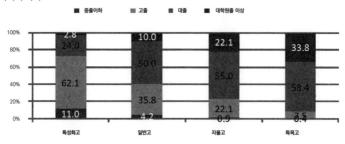

– 아버지 직업군

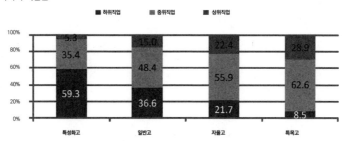

– 가구소득

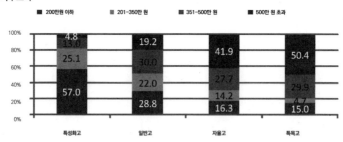

출처: 서울교육종단연구 2010년 자료를 이용하여 계산함. 김희삼(2014)에서 재인용.

## 2) 고교 유형별 대학 진학률의 추이

그렇다면 실제 대학 진학률은 고교 유형별로 얼마나 다르며 어떤 추이를 보이고 있는지 살펴보자. 〈그림 5.4〉는 일반계고(현재 일반고 외에 평준화 바깥에 생긴 특목고와 자사고를 포함)의 대학 진학률은 1980년만 하더라도 10명 중 3명이 채 안 됐으며, 그 당시 실업계고는 10명 중 1명 정도만 대학에 진학했다. 그러다 1990년대 중반 대학설립 규제 완화를 계기로 한 지방 대학의 신설과 정원 증가로 2000년대 중후반에 이르면 일반계고는 10명 중 약 9명, 특성화고도 10명 중 7명이 대학에 진학하는 등 대학진학률이 정점에 달해 대학교육의 보편화 시대가 되었다. 그런데 2010년대 이후에는 특성화고 학생의 대학 진학률이 급락하여 2015년 현재 10명 중 4명꼴로 떨어졌다. 일반계고 학생은 여전히 10명 중 8명꼴로 대학에 진학하고 있어, 고교 유형별 대학 진학률의 격차는 그 어느 때보다 벌어진 상태이다.

특성화고와 다른 유형의 고교 간에 경제자본을 포함하는 부모의 사회경제적 배경의 차이가 뚜렷했다는 점을 고려하면, 고교 유형별 대학 진학률 격차의 확대는 경제자본과 인적자본의 동조성이 강화되고 있다는 것으로 풀이할 수 있다. 특성화고 학생의 대학 진학률 급락이 어떤 요인에서 비롯되고 있는지에 대해서는 추가적인 탐구가 필요할 것이다. 선취업 후진학 등 고졸 취업의 활성화 정책에 힘입은 것인지, 대졸자의 취업 성과가 빈약함에 따라 대학 진학의 거품이 꺼지고 있는 것인지, 서민 경제의 어려움이 커져 대학 진학의 기회비용을 특성화고 학생들이 감당하기 힘들게 된 것인지에 따라 정책적 대응이 달라져야 하기 때문이다.

**〈그림 5.4〉** 교육단계별·학교유형별 진학률

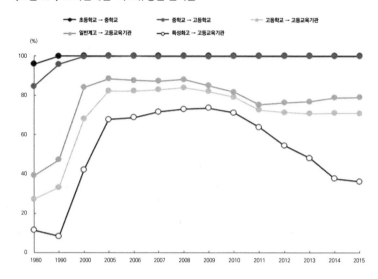

출처: 한국교육개발원, 교육통계연보, 각 연도; 김경근(2016)에서 재인용.

### 3) 소득수준별 사교육비 지출 격차

사교육 경쟁은 한국 교육의 특징적인 모습이다. 가계의 사교육비 지출은 자녀의 인적자본에 대한 투자 정도를 나타내는 대표적인 변수이다. 사교육의 성적 향상효과가 실제로 어느 정도인지를 차치하더라도 사교육비 지출은 자녀에 교육에 대한 부모의 관여 정도를 나타내는 대리변수가 될 수 있다.

통계청은 2007년 이후 매년 표본 조사를 통해 초중고생의 사교육비를 추산하고 있다. 본고의 관심은 통계청 자료를 이용하여 가구소

**〈그림 5.5〉** 가구소득수준별 월평균 사교육비 지출액 배율 (100만 원 미만 가구 = 1)

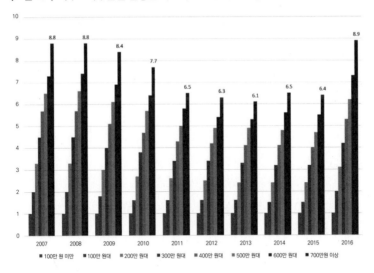

■ 100만 원 미만  ■ 100만 원대  ■ 200만 원대  ■ 300만 원대  ■ 400만 원대  ■ 500만 원대  ■ 600만 원대  ■ 700만원 이상

출처: 통계청, 사교육비 조사 결과, 각 연도 자료를 이용하여 필자가 작성함.

득수준별로 사교육비 지출액을 비교함으로써 부모의 경제자본에 따
른 자녀 인적자본에 대한 투자의 차이를 파악하는 데 있다.

　〈그림 5.5〉는 가구소득수준별로 월평균 사교육비 지출액이 얼마나
차이가 나는지를 보이기 위해 100만 원 미만 가구 학생의 사교육비
를 기준으로 각 소득수준대의 사교육비 배율을 그림으로 나타낸 것
이다. 2007~2016년의 10년 동안 사교육비 지출액(사교육을 받지 않은
학생의 사교육비를 0원으로 계산) 평균이 월소득 100만 원 미만 가구에서
는 5~6만 원대였는데, 소득수준이 100만 원 단위로 높아질수록 체
계적으로 사교육비 지출액이 늘어나는 모습을 보인다. 또한 눈에 띄
는 점은 100만 원 미만 저소득가구 학생과 700만 원 이상 고소득가
구 학생의 사교육비 격차가 2007~2008년 8.8배에서 조금씩 낮아져

2013년 6.1배가 됐으나, 다시 반등하여 2016년에는 8.9배까지 급등한 것이다.[2] 경제자본과 인적자본 투자의 동조성을 확인할 수 있는 결과이다.

## 3. 인적자본과 사회자본의 동조성

이제 인적자본과 사회자본의 동조성을 확인하기 위해 통계청 사회조사 원자료를 분석한 결과를 살펴보자. 사회조사 자료에는 세대 내 계층 상향이동과 세대 간 계층 상향이동의 전망을 묻는 질문과, 도움(집안일, 돈, 이야기 상대)을 필요로 할때 도와줄 수 있는 사람의 존재 여부를 묻는 질문이 포함되어 있다. 앞서 언급한 바와 같이, 계층이동 전망에 관한 질문은 현행 사회의 분배구조와 지배규범에 대한 수용성과 관련이 있는 시스템자본으로서의 사회자본을 반영하는 대리변수로 활용하고, 힘들 때 도와줄 사람의 존재에 관한 질문은 개인의 관계자본으로서의 사회자본을 나타내는 변수로 사용하고자 한다.

통계청 사회조사 자료에는 경제자본의 척도로 사용할 가구 소득수준이 2011년 조사부터 포함되었다. 본고에서 인적자본과 사회자본의 동조성을 살펴볼 때도 경제자본의 수준을 통제하여 경제자본이 유사한 경우에도 인적자본이 높을수록 사회자본이 높게 나타나는지를 확인하고자 하므로 소득수준 자료가 있는 2011년 조사 자료부터

---

2    2016년에는 100만 원 미만 가구 학생의 평균 사교육비 지출액이 월 5만 원으로 조사 이래 가장 낮은 수준을 기록한 것이 이처럼 가구소득수준별 사교육비 배율이 급등한 배경을 이룬다.

현재 가용한 최근 자료인 2015년 조사 자료까지 3개년(격년 조사) 자료를 활용할 것이다. 참고로 힘들 때 도와줄 사람의 존재에 관한 질문은 2009년 조사부터 포함되었다.

### 1) 교육수준별 계층 상향이동 전망

#### 가. 세대 내 계층 상향이동 전망

통계청 사회조사에서 세대 내 계층 상향이동에 관한 질문은 "우리 사회에서 일생 동안 노력을 한다면 개인의 사회경제적 지위가 높아질 가능성은 어느 정도라고 생각하십니까?"였다. 이 질문에 대해 '매우 높다' 또는 '비교적 높다'고 답한 경우를 상향 이동에 대한 긍정 응답으로 간주했으며, 이에 따라 종속변수는 1과 0의 값 중 하나로 처리되는 이진변수(binary variable)이다.

10대 응답자는 재학 중인 경우가 많아 향후의 모든 분석에서 20대 이상의 가구원으로 표본을 한정했다. 교육수준별 비교에서 기준은 대졸 이상 학력의 응답자이며, 성별, 가구주 여부, 연령대, 혼인상태, 종사상 지위, 가구원수, 거주지(시도), 주거점유형태, 가구소득수준을 통제했다. 분석모형으로 종속변수가 이진변수일 때 흔히 사용되는 프로빗(probit) 모형을 사용하되, 해석상의 편의를 위해 직접적인 추정계수 대신 derivative probit을 이용하여 계산한 한계효과(marginal effect: 설명변수의 변화에 따라 종속변수가 1이 될 확률의 변화, %p)를 제시했고, 동일 가구원들 간의 상관성을 고려하여 가구별로 군집화한 표준오차(clustered standard errors)를 계산했다.

〈그림 5.6〉은 통제변수에 포함된 다른 조건들이 같을 때 교육수준

이 높을수록 세대 내 계층 상향이동 가능성을 높게 보고 있다는 점을 나타낸다. 연도별로 다소의 정량적인 차이는 있지만, 대졸 이상 고학력에 비해 고졸, 중졸, 초졸 이하의 저학력으로 갈수록 일생 동안 노력해서 계층 상승할 가능성을 덜 믿고 있는 것이다. 예컨대 2015년 그림에 보고된 수치를 해석하면, 다른 조건이 같을 때 세대 내 계층 상향이동 가능성에 대한 긍정 응답률이 대졸 이상 학력자에 비해 고졸은 3%p, 중졸은 4.5%p, 초졸 이하는 7.1%p 낮은 경향을 보였다는 것이다.

〈그림 5.6〉 세대 내 계층 상향이동 가능성에 대한 교육수준별 긍정 응답률의 차이

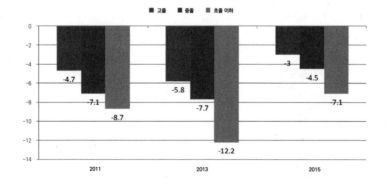

주 1: 세대 내 계층 상향이동 가능성에 대한 긍정 응답률은 '우리 사회에서 일생 동안 노력을 한다면 개인의 사회경제적 지위가 높아질 가능성은 어느 정도라고 생각하십니까?'라는 질문에 대해 '매우 높다' 또는 '비교적 높다'고 응답한 비율임.
주 2: 20대 이상의 가구원으로 표본을 한정했고, 비교대상은 대졸 이상 학력의 응답자이며, 성별, 가구주 여부, 연령대, 혼인상태, 종사상 지위, 가구원수, 거주지(시도), 주거점유형태, 가구소득수준을 통제함.
주 3: 분석모형은 derivative probit이며, 동일 가구에 속한 응답자들 간의 상관성을 고려하여 가구별로 군집화한 표준오차를 계산한 결과임.
출처: 통계청, 사회조사, 각 연도 원자료를 이용하여 필자가 작성함.

## 나. 세대 간 계층 상향이동 전망

한편 통계청 사회조사에서 세대 간 계층 상향이동에 관한 질문은 "우리 사회에서 현재의 본인세대에 비해 다음 세대인 자식세대의 사회경제적 지위가 높아질 가능성은 어느 정도라고 생각하십니까?"였다. 역시 이 질문에 대해 '매우 높다' 또는 '비교적 높다'고 답한 경우를 상향 이동에 대한 긍정 응답으로 간주했다.

〈그림 5.7〉은 세대 간 계층 상향 이동 가능성에 대한 믿음과 교육수준의 관계를 보여준다. 분석 표본, 통제변수, 분석모형, 표준오차 계산방법 등은 〈그림 5.6〉에서와 같다. 통제변수에 포함된 다른 조건들이 같을 때 교육수준이 낮을수록 세대 간 계층 상향이동 가능성도 낮

**〈그림 5.7〉** 세대 간 계층 상향이동 가능성에 대한 교육수준별 긍정 응답률의 차이

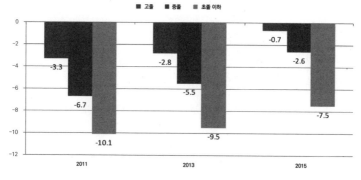

주 1: 세대 간 계층 상향이동 가능성에 대한 긍정 응답률은 '우리 사회에서 현재의 본인세대에 비해 다음 세대인 자식세대의 사회경제적 지위가 높아질 가능성은 어느 정도라고 생각하십니까?'라는 질문에 대해 '매우 높다' 또는 '비교적 높다'고 응답한 비율임.
주 2: 20대 이상의 가구원으로 표본을 한정했고, 비교대상은 대졸 이상 학력의 응답자이며, 성별, 가구주 여부, 연령대, 혼인상태, 종사상 지위, 가구원수, 거주지(시도), 주거점유형태, 가구소득수준을 통제함.
주 3: 분석모형은 derivative probit이며, 동일 가구에 속한 응답자들 간의 상관성을 고려하여 가구별로 군집화한 표준오차를 계산한 결과임.
출처: 통계청, 사회조사, 각 연도 원자료를 이용하여 필자가 작성함.

게 보고 있다는 점이 확인된다. 그런데 교육수준별 긍정 응답률의 격차는 2011, 2013년에 비해 2015년 조사에서 다소 줄어든 것으로 보인다.

### 2) 교육수준별 사회적 연결망

통계청 사회조사에서 관계적 사회자본으로 볼 수 있는 사회적 연결망에 관한 질문은 다음 세 가지 경우에 도와줄 사람이 주변에 있는지를 묻고 있다. (1) 몸이 아파 집안일을 부탁해야 할 경우, (2) 갑자기 많은 돈을 빌려야 할 경우, (3) 낙심하거나 우울해서 이야기 상대가 필요한 경우이다.

설문조사에서는 도와줄 사람의 존재 여부뿐 아니라 도와줄 사람의 숫자도 질문했으나 99명과 같은 특이한 숫자를 응답한 경우도 있고, 사회적 연결망의 개수보다 강도가 중요한 측면을 갖는 점도 있기 때문에 분석모형의 종속변수로서 도와줄 사람의 숫자가 아닌 존재 여부를 채택했다. 분석 표본, 통제변수, 분석모형, 표준오차 계산방법 등은 〈그림 5.6〉 및 〈그림 5.7〉에서와 같다. 단, 사회적 연결망 분석에서는 비교대상을 초등학교 졸업 이하의 저학력 응답자로 하여 교육수준이 높아질수록 관계자본 측면의 사회자본이 어떻게 달라지는지를 살펴보았다.

#### 가. 몸이 아파 집안일을 부탁해야 할 경우 도와줄 사람의 존재 여부

먼저, 〈그림 5.8〉에서처럼 몸이 아플 때 집안일을 부탁할 사람이 있

<**그림 5.8**> 몸이 아플 때 집안일을 부탁할 사람이 존재할 확률의 교육수준별 차이

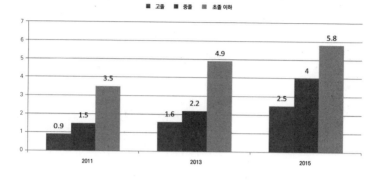

주 1: 20대 이상의 가구원으로 표본을 한정했고, 비교대상은 초졸 이하 학력의 응답자이며, 성별, 가구주 여부, 연령대, 혼인상태, 종사상 지위, 가구원수, 거주지(시도), 주거점유형태, 가구소득수준을 통제함.
주 2: 분석모형은 derivative probit이며, 동일 가구에 속한 응답자들 간의 상관성을 고려하여 가구별로 군집화한 표준오차를 계산한 결과임.
출처: 통계청, 사회조사, 각 연도 원자료를 이용하여 필자가 작성함.

을 확률은, 다른 조건이 같을 때 고학력일수록 높았다. 2011, 2013, 2015년 모두 정성적인 패턴은 유사했으나 학력별 차이는 최근 조사일수록 다소 크게 나타났다.

나. 갑자기 많은 돈을 빌려야 할 경우 도와줄 사람의 존재 여부

다음으로 <그림 5.9>에서처럼 갑자기 많은 돈을 빌려야 할 경우 도와줄 사람의 존재 확률 역시 고학력일수록 높았다. <그림 5.8>과 비교하면 학력별 격차는 집안일을 도와줄 사람보다 많은 돈을 빌려줄 사람의 유무에서 더 크게 나타난다는 점을 알 수 있다. 저학력자가 처한 신용 제약(borrowing constraint)이 비단 공적 금융기관으로부터의 대출뿐 아니라 사적 자금 융통에서도 존재함을 확인할 수 있다.

**〈그림 5.9〉** 갑자기 많은 돈을 빌려줄 사람이 존재할 확률의 교육수준별 차이

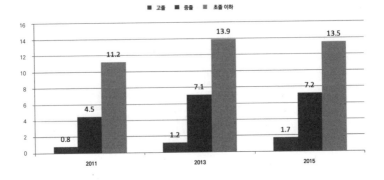

출처: 〈그림 5.8〉과 같음.

다. 낙심하거나 우울해서 이야기 상대가 필요한 경우 도와줄 사람의 존재
여부

〈그림 5.10〉에서 정신적으로 힘들 때 이야기 상대가 되어 줄 사람
의 존재 확률도 고학력자일수록 높은 경향을 보였다. 이러한 정서적
지지자의 학력별 보유 확률 격차는 최근 연도로 오면서 더욱 뚜렷한
모습을 나타냈다. 저학력자의 사회적 고립감이 상대적으로 클 것이
라는 점을 알 수 있다.

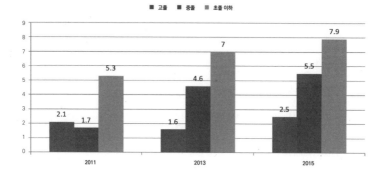

**〈그림 5.10〉** 낙심하거나 우울할 때 이야기 상대가 존재할 확률의 교육수준별 차이

출처: 〈그림 5.8〉과 같음.


## 4. 경제자본과 사회자본의 동조성

이제 가구소득수준으로 측정한 경제자본과 시스템자본(계층 상향이
동 전망) 및 관계자본(사회적 연결망) 측면의 사회자본이 얼마나 동조성
을 갖는지 살펴보자. 역시 통계청 사회조사 원자료를 이용했으며, 분
석표본, 종속변수와 설명변수, 분석모형, 표준오차 계산방법 등은 앞
의 인적자본과 사회자본의 동조성 분석과 완전히 동일하다. 사실 앞
에서 동일한 회귀분석 결과표에서 추출했기 때문이다. 그런데 이번
에는 가구소득수준이 관심변수이고 응답자의 교육수준은 통제변수
중 하나로 간주되고 있다.

### 1) 소득수준별 계층 상향이동 전망

#### 가. 세대 내 계층 상향이동 전망

〈그림 5.11〉에서 확인할 수 있는 것은 노력을 통한 세대 내 계층 상향이동 가능성에 대해 가구소득이 낮을수록 긍정적 응답률이 체계적으로 떨어진다는 점이다. 이는 응답자의 교육수준을 비롯한 다른 변수들이 통제된 결과로서, 다른 조건이 같을 때 경제자본과 사회이동성에 대한 낙관론 사이의 비례적 상관관계를 보여준다. 다만, 소득수준별 긍정적 응답률 격차는 최근 조사에서 다소 작아진 모습을 나타낸다.

〈그림 5.11〉 세대 내 계층 상향이동 가능성에 대한 소득수준별 긍정 응답률의 차이

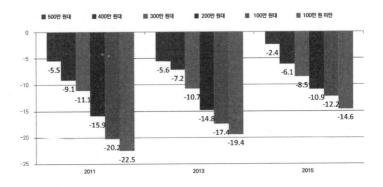

주 1: 세대 내 계층 상향이동 가능성에 대한 긍정 응답률은 '우리 사회에서 일생 동안 노력을 한다면 개인의 사회경제적 지위가 높아질 가능성은 어느 정도라고 생각하십니까?'라는 질문에 대해 '매우 높다' 또는 '비교적 높다'고 응답한 비율임.
주 2: 20대 이상의 가구원으로 표본을 한정했고, 비교대상은 대졸 이상 학력의 응답자이며, 성별, 가구주 여부, 연령대, 혼인상태, 종사상 지위, 가구원수, 거주지(시도), 주거점유형태, 교육수준을 통제함.
주 3: 분석모형은 derivative probit이며, 동일 가구에 속한 응답자들 간의 상관성을 고려하여 가구별로 군집화한 표준오차를 계산한 결과임.
출처: 통계청, 사회조사, 각 연도 원자료를 이용하여 필자가 작성함.

## 나. 세대 간 계층 상향이동 전망

〈그림 5.12〉는 자녀가 계층 상승을 이룰 세대 간 계층 상향이동 가능성에 대해서도 가구소득이 낮을수록 긍정적 응답률이 떨어지는 경향을 있다는 것을 보여준다. 〈그림 5.11〉과 비교하면 소득수준별 긍정적 응답률 격차는 세대 간 계층 상향이동에서보다 세대 내 계층 상향이동에서 좀 더 크게 나타난다는 점을 알 수 있다. 또한 소득수준별 긍정적 응답률 격차가 2015년의 최근 조사에서 다소 작아진 것을 볼 수 있다.

〈**그림 5.12**〉 세대 간 계층 상향이동 가능성에 대한 소득수준별 긍정 응답률의 차이

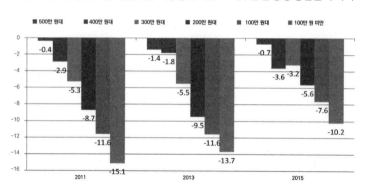

주 1: 세대 간 계층 상향이동 가능성에 대한 긍정 응답률은 '우리 사회에서 현재의 본인세대에 비해 다음 세대인 자식세대의 사회경제적 지위가 높아질 가능성은 어느 정도라고 생각하십니까?'라는 질문에 대해 '매우 높다' 또는 '비교적 높다'고 응답한 비율임.
주 2: 20대 이상의 가구원으로 표본을 한정했고, 비교대상은 대졸 이상 학력의 응답자이며, 성별, 가구주 여부, 연령대, 혼인상태, 종사상 지위, 가구원수, 거주지(시도), 주거점유형태, 교육수준을 통제함.
주 3: 분석모형은 derivative probit이며, 동일 가구에 속한 응답자들 간의 상관성을 고려하여 가구별로 군집화한 표준오차를 계산한 결과임.
출처: 통계청, 사회조사, 각 연도 원자료를 이용하여 필자가 작성함.

## 2) 소득수준별 사회적 연결망

### 가. 몸이 아파 집안일을 부탁해야 할 경우 도와줄 사람의 존재 여부

〈그림 5.13〉에서처럼 몸이 아플 때 집안일을 부탁할 사람이 있을 확률은, 다른 조건이 같을 때 고소득가구 응답자에게서 높은 경향을 보였다. 특히 비교대상이 100만 원 미만 저소득가구 응답자인데, 100만 원대, 200만 원대 가구소득자까지는 집안일을 부탁할 사람의 존재 확률이 급격히 높아지고, 300만 원대 이상에서는 큰 차이가 나지 않는다는 점이 눈에 띈다. 일정 소득 미만의 저소득가구에서 이러한 관계자본의 부재로 인한 어려움이 두드러질 것이라는 점을 시사한다.

〈그림 5.13〉 몸이 아플 때 집안일을 부탁할 사람이 존재할 확률의 소득수준별 차이

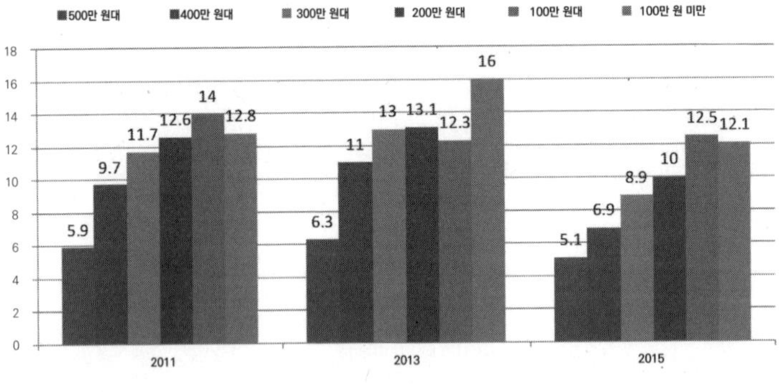

주 1: 20대 이상의 가구원으로 표본을 한정했고, 비교대상은 초졸 이하 학력의 응답자이며, 성별, 가구주 여부, 연령대, 혼인상태, 종사상 지위, 가구원수, 거주지(시도), 주거점유형태, 교육수준을 통제함.
주 2: 분석모형은 derivative probit이며, 동일 가구에 속한 응답자들 간의 상관성을 고려하여 가구별로 군집화한 표준오차를 계산한 결과임.
출처: 통계청, 사회조사, 각 연도 원자료를 이용하여 필자가 작성함.

나. 갑자기 많은 돈을 빌려야 할 경우 도와줄 사람의 존재 여부

〈그림 5.14〉는 갑자기 많은 돈을 빌려야 할 때 도와줄 사람이 존재할 확률이 고소득가구 응답자일수록 높은 경향을 보여준다. 돈 문제인 만큼 소득수준별 격차는 다른 종류의 도움보다 큰 모습을 나타냈다. 그리고 100만 원 미만에 비해 100만 원대, 200만 원대 가구소득자까지는 돈을 빌려줄 사람의 존재 확률이 급격히 높아지고, 300만 원대 이상에서는 큰 차이가 나지 않는다는 점에서 사적 자금 융통의 어려움이 저소득가구에서 두드러진다는 것을 알 수 있다.

〈그림 5.14〉 갑자기 많은 돈을 빌려줄 사람이 존재할 확률의 교육수준별 차이

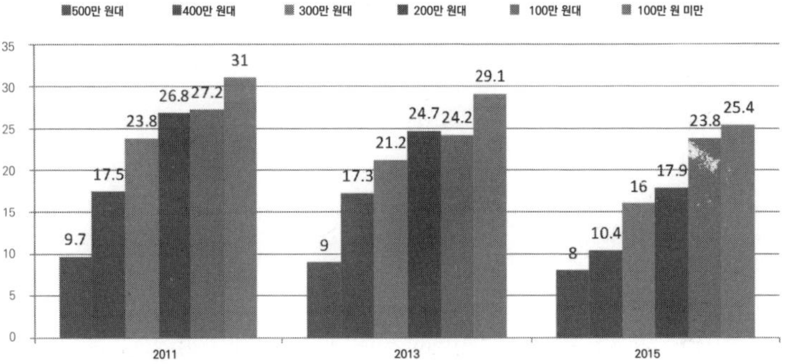

출처: 〈그림 5.13〉과 같음.

다. 낙심하거나 우울해서 이야기 상대가 필요한 경우 도와줄 사람의 존재 여부

〈그림 5.15〉는 정서적 지지를 해줄 이야기 상대의 존재 확률 역시 저소득가구보다 고소득가구에서 높은 경향성을 보여준다. 정서적 관

〈그림 5.15〉 낙심하거나 우울할 때 이야기 상대가 존재할 확률의 소득수준별 차이

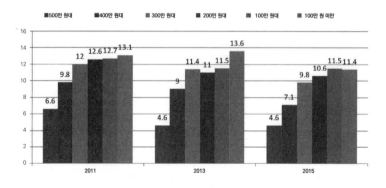

출처: 〈그림 5.13〉과 같음.

계자본의 결핍도 월소득 200만 원대 이하의 가구에서 두드러짐을 알 수 있다.


## 5. 평등주의적 교육, 복지, 노동정책의 필요성

이상의 분석 결과를 종합해 볼 때, 한국 사회에서 경제자본, 인적자본, 사회자본은 상당한 동조성을 갖고 있는 것으로 보인다. 집이 가난하지만 남보다 많이 배워서 성공할 능력을 갖췄거나 어려울 때 누구 못지않게 의지할 수 있는 이웃을 가진 경우, 또는 많이 배우지 못했지만 힘들 때 여러모로 도와줄 친구를 가진 경우는 그렇게 흔하지 않아 보인다. 대신 경제력, 학력, 인맥, 심지어 계층 상승에 대한 희망도 상위계층일수록 더 많이 갖고 있는 것이 일정 부분 확인되었다.

그런데 여기서 계층 상승에 대한 희망이 저소득층에게 낮게 나타

난 것이 현실과 부합한 인식인지를 짚어볼 필요가 있다. 범부의 상식 속에서 적어도 이론적으로는 저소득층이 중산층이나 고소득층으로 상승할 여지가 이미 고소득층에 속한 가구가 더 올라갈 여지보다 크다고 생각될 수 있기 때문이다. 저소득층이 더 떨어질 데도 없으니 이제 올라갈 일만 남았다고 생각한다면, 그것이 실제로도 그러했는지를 확인해보아야 할 것이다.

가구별 경제상태의 추적이 가능한 패널 자료를 분석한 다음 몇 가지 연구는 계층 상향이동에 대해 저학력자 및 저소득층일수록 비관론이 두드러지게 나타난 통계청 사회조사의 설문 분석 결과가 현실과 부합한 것임을 보여준다. 우선 한국노동패널 자료를 이용하여 2000년대 이후 세대 내 소득 이동성의 추이를 분석한 김용성(2014)의 연구는 다음과 같은 발견들을 제시하고 있다. 첫째, 소득 이동성은 2000년대 이후 전반적으로 낮아졌다. 둘째, 소득 이동성 약화는 고학력계층보다 저학력계층에서 두드러졌다. 예컨대, 고졸 이하 학력계층의 소득 이동성이 2001~05년에는 대졸 이상 학력계층보다 높았으나 2007~11년에는 양자가 역전됐다. 셋째, 2005년 이후 전반적으로 소득이 하향 이동하는 경향이 있었는데, 이는 저학력계층의 소득 저하에 주로 기인했다. 2000년대 후반에도 고학력계층의 소득은 소폭으로 상향 이동했지만, 저학력계층의 소득은 뚜렷하게 하향 이동했다는 것이다.

같은 한국노동패널 자료를 이용하여 세대내 소득 이동성을 측정한 김성태·전영준·임병인(2012)도 저소득층(중위소득 50% 이하)의 상향 이동성 약화를 발견했다. 근로소득 기준으로 저소득층 가구 중 1년 후 저소득층에 머문 가구가 1999~2000년 65.5%에서 2007~2008

년 84.1%로 증가한 반면, 같은 기간 중산층(중위 50%~150% 이하)으로 상향 이동한 가구는 29.7%에서 14.3%로, 고소득층(중위 150% 초과)으로 상향 이동한 가구는 4.7%에서 1.7%로 감소했다는 것이다. 근로소득에 사업소득, 재산소득, 사적이전소득까지 합친 시장소득 기준으로도 저소득층에 머문 가구는 같은 기간 55.2%에서 75.4%로 늘어난 반면, 중산층으로 상향 이동한 가구는 40.4%에서 22.6%로, 고소득층으로 상향 이동한 가구는 4.4%에서 2.0%로 줄었다. 한편, 고소득층은 같은 기간 고소득층 잔류 확률이 높아지고 중산층이나 저소득층으로의 하향 이동 확률은 낮아져, 계층 양극화가 계층 고착화를 동반하고 있음을 드러냈다.

또한, 한국복지패널 자료를 사용한 이태진 외(2014)의 보고서에서도 2000년대 후반 이후 저소득층의 계층 상향 이동성이 하락한 것이 발견된다. 저소득층 가구 중 1년 후 저소득층에 머문 가구가 2005~2006년 67.6%에서 2012~2013년 77.4%로 증가한 반면, 같은 기간 중산층으로 상향 이동한 가구는 29.9%에서 22.3%로, 고소득층으로 상향 이동한 가구는 2.5%에서 0.3%로 감소했다는 것이다.

이처럼 자료와 표본에 따른 다소의 정량적 차이는 있지만, 패널 자료 가용 시점 이후를 볼 때 세대 내 소득 이동성은 2000년대 후반 이후 하락하여 계층 고착화 경향을 보이며, 특히 저소득층의 계층 상향 이동성이 크게 제약된 것으로 보인다. 통계청 사회조사에 나타난 세대 내 계층 상향 이동에 대한 저학력자 및 저소득층의 비관론 확대 추세가 현실을 반영하고 있는 것이다.

그런데 경제자본, 인적자본, 사회자본이라는 세 유형의 자본 소유가 특정 집단에 집중될수록 상호 강화하는 측면이 있다. 예컨대 부유층 부모의 경제자본이 자녀의 교육, 즉 인적자본에 대한 투자를 통해 자녀의 소득창출력을 높임으로써 자녀의 경제자본으로 연결되면 경제력의 대물림이 상속을 통하지 않고도 외견상 당당한 방식으로 발생한다. 또한 경제자본(돈이 드는 클럽 가입 등 사교활동)과 인적자본(학연)을 이용한 사회자본(사회적 연결망)의 획득은 또다시 경제자본(사업활동)과 인적자본(대입전형, 유학 등)의 축적에 유리한 영향을 줄 수 있다.

심지어 북유럽의 복지국가체제도 이러한 부유층 자녀의 특권을 해소하고 최상위계층과 나머지 계층의 거리를 좁히는 데는 한계가 있었다. 에스핑 안데르센(Esping-Andersen 2015)에 의하면, 스칸디나비아반도의 노르딕 국가들에서 아동에 대한 조기개입, 통합교육과 평준화, 적극적 노동시장정책, 일하는 엄마 지원 등의 사회정책이 하위계층의 상향이동성을 높이는 역할을 했지만, 부유층 자녀로 태어난 특권을 허물지는 못했다는 것을 지적한다. 그는 그 이유로 다음 세 가지를 간략하게 검토한다. 첫째, 적록연대 등 연정이 필요했던 사회민주주의의 정치적 제약 조건 때문에 부유층 달래기가 필요했을 가능성을 언급하지만 무게를 싣고 있지는 않다. 둘째, 최상위계층은 평등주의적 정책을 뛰어넘어 격차를 유지할 방법을 모색하고 그 수단(예: 평준화된 공교육 시스템에서 벗어난 사립학교와 사립대학, 세금부담을 비켜간 탈세 등)을 마련한다는 가설인데, 이런 출구 전략은 북구 국가들에게는 별로 해당되지는 않는다는 것이다.[3] 마지막으로, 그가 가장 개연성이 높고 점점 더 그러할 것으로 내다보고 있는 격차 지속의 이유는

---

3    그러나 자녀교육을 위한 위장전입, 특목고 및 자사고 신설 로비, 고소득 자영업자의 탈세 등 한국의 일부 상위계층에게는 상당히 해당될 수 있는 전략이다.

최상위계층이 정책으로는 평등화되지 못하는 우위로 사회적 격차를 재생산할 수 있다는 것으로서, 부유층의 특권이 인적자본 및 문화자본(cultural capital)과 점점 더 연관되어간다는 점이다. 예컨대 오래 살수록 더 많이 받는 연금의 혜택을 평균수명이 더 긴 상위계층이 하위계층보다 많이 누리게 되고, 끼리끼리 결혼하는 동류혼의 경향이 강화되어 고소득자는 고소득자끼리, 저소득자는 저소득자끼리 만나 가구소득의 격차가 확대된다는 것이다. 그런데 가장 중요한 경로는 상위계층의 자녀에 대한 무형의 투자가 양적으로나 질적으로나 특별하다는 점이라고 하는데, 이러한 자녀양육 상의 격차가 계층 간에 확대되고 있다는 것이다. 예를 들어 봉케와 에스핑 안데르센(Bonke & Esping-Andersen 2011)은 덴마크에서 고학력 부모는 중등학력 부모보다 자녀를 보는 데 50% 더 많은 시간을 사용한다는 것을 발견했다.

결국 경제자본, 인적자본, 사회자본의 동조성은 자본의 소유 여부에 따른 계급 구분이 중층적 성격을 띠어 일종의 다중격차를 발생시키고 있음을 의미한다. 대다수의 사회구성원이 어느 한 가지 유형의 자본이라도 남들 못지않게 갖고 있다면 그를 기반으로 일어서거나 의지하며 살 수 있을 것이지만, 세 가지 유형의 자본 결핍이 중층적으로 존재한다면 현재 삶에 대한 애착과 미래에 대한 희망을 갖기 쉽지 않을 것이다. 그리하여 사회자본, 사회이동성, 사회적 포용을 삼각축으로 하는 사회통합은 더욱 지난한 과제가 될 것이다.

특히, 전반적으로 사회이동성에 대한 비관론이 1990년대 말 이후 추세적으로 확대되어 온 가운데(김희삼 2016), 저학력자와 저소득층일수록 절망감의 골이 깊다는 것은 우리 사회에서 사회적 포용이 매우 중요한 과제가 되고 있다는 점을 시사한다. 이 장의 분석에서 소득수준별 사회자본 격차는 다소 줄어드는 모습도 보였지만, 학력별 사회자본 격차는 오히려 뚜렷해진 모습을 보였다는 점에서 저학력자를 사회가 포용하는 데 관심을 가져야 할 것이다. 본인의 적성이 아닌 부모의 경제자본에 의해 영향을 받은 대학 진학 포기 학생들이나 학교 밖 청소년들이 사회적 연결망에서 배제되거나 미래에 대한 희망을 잃지 않도록 해야 한다. 북구에서는 상위계층이 자녀에 대한 각별한 양육과 투자를 통해 계층적 지위를 다음 세대에도 유지하는 통로를 확보하고 있지만, 적어도 하위계층은 평등주의적 교육, 복지, 노동 정책으로 상향이동을 할 수 있는 가능성을 부여받고 있다는 것이 현재 한국 사회와 확연히 다른 점이다.

끝으로 이 글의 한계와 이에 따른 후속 연구 과제는 많겠지만 한 가지만 일러두고자 한다. 2011, 2013, 2015년 3개년의 추이를 통해 세 유형의 자본 소유의 동조성에 관한 추세를 판단하는 것은 불가능하다. 이 작업은 더 장기간의 관찰이 가능한 자료를 이용한 다른 연구에 맡길 수밖에 없다.

# 참고문헌

김경근. 2016. "교육 영역의 주요 동향." 『한국의 사회동향 2016』.

김성태·전영준·임병인. 2012. "한국 소득 이동성의 추이 및 결정 요인 분석." 『경제학연구』 60(4).

김용성. 2014. "세대 내 소득이동성에 대한 연구: 학력계층을 중심으로." 김용성·이주호 편. 『인적자본정책의 새로운 방향에 대한 종합연구』. 연구보고서 2014-08. 세종: KDI.

김희삼. 2014. "세대 간 계층이동성과 교육의 역할." 김용성·이주호 편. 『인적자본정책의 새로운 방향에 대한 종합연구』. 연구보고서 2014-08. 세종: KDI.

김희삼. 2016. "한국인의 계층의식과 사회이동성." 『한국의 사회동향 2016』. 세종: 통계청 통계개발원.

여유진 외. 2015. 『사회통합 실태진단 및 대응 방안』. 세종: 한국보건사회연구원.

이태진 외. 2014. 『2014년 한국복지패널 기초분석 보고서』. 세종: 한국보건사회연구원.

통계청. "'사교육비 조사 결과' 보도자료." 각 연도.

통계청. "'사회조사' 원자료." 각 연도.

Bonke, J. and Esping-Andersen, G. 2011. "Family Investment in Children." *European Sociological Review* 25(1).

Esping-Andersen, G. 2015. "Welfare regimes and social stratification." *Journal of European Social Policy* 25(1).

Esser, H. 2008. "The Two Meanings of Social Capital." in Castiglione, D., Van Deth, J. and Wollebm, G. (eds.). *The Handbook of Social Capital*. Oxford: Oxford University Press.

OECD. 2011. *Perspectives on Global Development 2012: Social Cohesion in a Shifting World*. Paris: OECD Publishing.

Putnam, Robert D. 2015. *Our Kids: The American Dream in Crisis*. Simon & Schuster. 정태식 역. 2016. 『우리 아이들: 빈부격차는 어떻게 미래 세대를 파괴하는가』. 서울: 페이퍼로드.

# 6장

## 약자들의 연대는 왜 나타나지 않는가?
### : 프레카리아트 논의를 중심으로

## 1. 불평등과 연대

불평등의 심화는 중대한 사회문제로 인식되고 있다. 비정규직이
날로 늘어나는 문제나 영세자영업의 영업유지기간이 점차 짧아지는
문제가 자주 뉴스에 등장한다. 사회관계자망(SNS)상에서 청년들은
'수저론'으로 불평등과 계층의 대물림으로 인한 고통을 호소한다. 20
세 이상 인구 중에서 소득수준이 상위 10%에 해당하는 사람들이 가
져가는 소득이 전체 소득에서 차지하는 비중은 1999년에 32.9%에
서 2015년에는 48.5%까지 증가하였다(홍민기 2017). 이 수치는 비교
가능한 지표를 생산하는 국가들 중에서 미국과 함께 최고 수준이다.
임금근로자들만을 대상으로 하기는 하지만 반대편에서 바라보면, 임
금이 중위값의 2/3에 미치지 못하는 저임금근로자의 비율이 약 25%

로 이 역시 미국과 함께 OECD 국가들 중에서 최고 수준이다.

불평등은 갈등을 낳고 갈등이 심화되면 사회적 균열이 일어나리라고 예상할 수 있다. 균열은 특정 집단의 사회운동으로 나타나거나 새로운 정당의 등장과 이에 대한 지지와 같은 정치적 행위로 표현될 것이다. 키쉘트(Kischelt 2004)의 개념틀을 빌리면, 고용형태, 소득수준, 자산규모 등을 기준으로 계층적 분절(divide)이 형성되는데, 이러한 사회적 분절 가운데 어떤 축을 중심으로 사회세력 간의 갈등이 구조화되는 것을 균열(cleavages)이라고 칭할 수 있다. 다양한 균열의 이슈들 가운데 일부는 정치적 대결(political competition)에 집중적으로 동원된다(전병유 외 2014 재인용).

그런데 고용·소득·자산의 불평등이 전세계적인 이슈가 되고 있음에도 불구하고, 이러한 불평등으로 인한 갈등구조가 정치·사회적 균열의 형성으로 나아가는 양상은 우리의 기대와는 다르게 전개되고 있다. 스페인이나 이태리와 같은 일부 서구유럽에서는 좌파정당이 부상하기는 하였으나 실제로 힘있게 개혁을 추진하지는 못하는 것으로 보인다. 심지어 영국이나 미국과 같은 나라에서는 우파 포퓰리즘의 우세 양상이 나타난다. 한국에서는 얼마 전까지만 해도 보수정부가 집권하면서 '가난한 자들은 왜 보수를 지지하는가?'라는 질문이 대두되기도 하였으며 이에 답하는 연구들도 상당수 있었다(김영순·여유진 2011; 전병유·신진욱 2014). 약자들의 연대는 왜 나타나지 않는가?[1]

---

1  2017년 5월 9일 대통령선거는 '촛불시민운동'의 결과를 반영한 것이고, 선거과정에서 등장한 주요 정책이 비정규직문제 해결이나 복지 확대였다는 점에서 '약자들의 연대'가 일정 부분 나타난 것 아니냐하는 의견이 있을 수 있다. 촛불시민운동에 참여한 시민들의 계급·계층적 특징에 대해서는 아직 충분한 연구가 이루어지지 않아 현재로서는 알 수 없다. 그러나 촛불시민운동에서 등장한 주요 의제가 비정

이러한 지점에서 이 장에서는 낸시 프레이저(2014)가 던졌던 질문을 다시 한 번 제기하고자 한다. 그녀에 따르면, 시장의 탈규제와 상품화의 확장이 거대한 물결로 등장하였다는 점에서 작금의 현실은 1920년대와 비슷한 점이 많다. 20세기 초중반에는 이 물결을 지지하고 더욱 강화하려는 정치세력들과 이익집단들에 대응하여 시장의 파괴행위로부터 '사회'를 보호하려는 세력이 결집하였다. 당시 서구 선진국에서는 정치적 규제를 통해 고삐 풀린 자본주의를 제어해야 한다는 동의에 다다랐던 데 비하여, 오늘날은 그렇지 못하다. 사민주의자를 자처하는 이들을 포함하여 거의 모든 정치엘리트들이 투자자 보호를 최우선으로 내세울 뿐 아니라, 이에 대응하는 사회운동은 조직되지 못하고 있다. 21세기에는 칼 폴라니(Karl Polanyi)가 말한 '이중운동'이 왜 나타나지 않는가 하는 것이 그녀의 질문이다.

　프레이저(2014)도 노동계급이 이중운동의 사회보호쪽 기둥에서 허리구실을 할 수 없게 된 현실을 알고 있다. 노조 조직률이 떨어질 뿐만 아니라, 안정적 일자리를 가진 노동자와 불안정노동자 간의 분리가 두드러지면서 자본-노동 사이의 분리가 은폐되고 있다는 점을 지적한다.

　그러나 그녀가 이보다 더욱 중요하게 보는 부분은 21세기의 갈등은 양자대결이 아니라 3면 갈등이라는 점에 있다. 이중운동의 틀 내에서 자신들의 자리를 찾을 수 없는 사회적 투쟁들, 즉 여러 해방운동의 존재에 주목해야 한다는 것이다. 반인종주의, 여성주의, 반전, 성

규직 문제나 불평등의 문제였다고 보기는 어렵다. '박근혜 퇴진'과 함께 외친 구호는 '이게 나라냐'였으며, 문재인 후보는 선거캠페인 중 '나라다운 나라'라는 캐치프레이즈로 화답하였다. 부패, 공적권력의 사유화, 그리고 정권의 무능에 대한 시민적 궐기였다고 해석하는 것이 타당할 듯하다.

소수자 등과 같이 재분배보다 사회적 인정(recognition)에 더 초점을 두는 운동들이 추구하는 것은 사회적 보호가 아니다. 그러므로 '시장'의 편에 선 것은 아니지만 그 반대편인 '사회' 대열에 선 것도 아니다(프레이저 2014). 정의(justice)는 애초에 분배와 인정의 두 가지 차원으로 구성되기 때문에(프레이저 2016), 착취와 경제적 주변화 문제의 본질을 파헤치고 사민주의나 사회주의적 실천을 시도하더라도 이를 통해 포괄할 수 없는 정의에 대한 요구가 분출할 수밖에 없다. 그러므로 사회보호 또는 분배정의운동의 성패는 해방운동과 여하히 동맹을 형성하느냐에 달려있다는 것이 프레이저의 주장이다.

이 글은 낸시 프레이저(2014)가 던진 질문을 심각하게 받고 대답으로 내놓은 주장을 전폭적으로 수용하되, 그녀가 논문에서 치열하게 천착하지는 않은 '노동계급의 힘과 연대' 문제를 다루어 보고자 한다. 신자유주의의 광풍과 불평등의 심화라는 현실 앞에서 사회 제 세력들이 연대하여 해결방안을 모색하지 못하는 이유는 무엇인가라는 질문을 다시 제기한다. 그리고 그 대답을 계급론의 관점 안에서 찾아보고자 하는 것이다. 특히 프레카리아트(precariat)의 존재가 노동계급의 연대에 던지는 함의를 생각해 보고자 한다. 노동시장이 유연화되고 소득불평등이 심화되었음에도 불구하고, 이를 해결하라는 노동계급의 조직적인 목소리는 왜 힘있게 울려퍼지지 못하는가?

## 2. 기존 논의: 계급은 여전히 유효한 균열선인가?

불평등과 이에 따른 사회적 균열을 설명하려는 대표적인 흐름은

'계급론'이다. 계급론은 불평등을 자본주의적 생산관계에서 같은 위치를 점하는 사람들의 집단인 '계급' 개념으로 설명한다. 20세기 중반까지 계급은 사회불평등을 설명하기에 적절한 개념인 것으로 보였다. 계급분석이 지금도 여전히 불평등을 설명하는 좋은 도구라면 불평등이 심화되는 이 시기에 계급을 경계로 한 균열선이 나타나고, 자본주의 체제에서 약자인 노동자들은 계급적 동질성으로 인하여 계급의식과 연대를 강화해 나가는 모습을 보일 것으로 예상되었다. 그런데 현상은 이러한 기대를 비껴가고 있다. 자본주의 체제의 급격한 변화나 사회변동을 야기할만한 대규모 사회갈등이나 균열이 계급에 기초하여 발생하지 않는 것으로 보인다(신광영 2008).

전세계적으로 불평등이 심화된 20세기 후반에 노동계급을 중심으로 한 약자들의 연대가 뚜렷하게 세력화되지 못하는 현상을 설명하기 위해서 많은 이들이 노동계급의 약화 내지 내적 이질성의 심화에 주목한다. 여기서도 두 가지 이론적 흐름이 구분된다. 첫째, 계급은 더 이상 유효한 균열선이 아니며 불평등을 설명하는 유용한 도구가 되지 못한다는 입장이 있을 수 있다. 예컨대 울리히 벡의 '개인화' 테제가 이런 흐름 속에서 이해될 수 있겠다. 울리히 벡(Ulrich Beck)의 '개인화' 테제는 '왜 불평등이 증가함에도 불구하고 계급(개념)은 쇠퇴하는가?'에 대한 하나의 대답이다(이광근 2015). 개인의 노동시장 지위는 계급의 결속력을 약화시킬 정도로 유동화되었다(울리히 벡 1983; 홍찬숙 2015 재인용). 사회적 위험은 계급별로 나타나는 것이 아니라 '개인화'된 형태로 나타나게 되며, 계급구조가 갖는 정치·사회적 의미는 축소된다(홍찬숙 2014). 탈산업화, 글로벌화, 노동시장유연화, 정보통신기술의 발달 등으로 인하여 모든 종류의 준거집단의 보호막과 의미가 희석된다. 임금노동자의 정체성은 일터로부터 형성되지 않으며, 동일한 계급위치를 점유한 개인들이라고 해서 공동의 문화를 공유하지 않는다. 따라서 이들이 집합행동에 나설 가능성도 사라지게 된다. 개인화가 왜, 그리고 어떤 기제로 일어나느냐에 대해서는 울리히 벡 저작의 전기와 후기에 강조점이 달라진다고 하는데, 2000년대 이후에 벡의 저작에 나타난 개인화 개념은 주로 빈곤과 룸펜 프로레타리아화와 연관되어 있다(이광근 2015).

둘째, 계급구조는 여전히 불평등을 초래하는 핵심적인 기제이고, 따라서 계급론은 불평등을 설명하는 중요한 개념적 도구이지만 계급구조의 양상이 달라졌다는 입장이 있다. 대표적으로 가이 스탠딩(Guy Standing)의 '프레카리아트'론이다. 노동계급의 내적 이질성이 증가한 것을 넘어 프레카리아트는 전통적인 노동계급과 이해관계를 달리하는 새로운 계급이라고 주장한다. 아직 형성 중인 단계에 있기 때문에 충분히 세력화된 것은 아니지만, 향후에는 핵심적인 균열선이 될 잠재력을 가지고 있다(스탠딩 2011, 2015).

스탠딩에 따르면, 프레카리아트는 소득, 고용안정성, 업무에 대한 권한, 근로시간이나 안전에 대한 보호, 기술향상 기회, 그리고 집단적 의사표현의 수단을 가지고 있지 못한 노동자들이다(스탠딩 2011). 이들을 한 마디로 정의하면 '불안정한 노동'과 '불안정한 삶'을 사는 사람들이다. 중요한 것은 이들이 전통적인 노동계급과 이해관계를 달리한다는 점이다. 이들은 불안정성에 시달리다 못해 '포퓰리즘적 신파시즘'에 이끌릴 수 있다는 점에서 '위험한 계급'이라고 스탠딩은 주장한다.

스탠딩의 프레카리아트 개념에 대한 주된 비판은 주로 맑시스트

계급론자들로부터 나온다. 이들도 고용이 불안정하고 소득이 낮은 다수 노동자들의 출현에 주목하지만, 이를 두고 새로운 '계급'이라고 볼 것인지에 대해서는 다른 견해를 가지고 있다. 비판의 핵심은 스탠딩이 계급을 '정태적인 범주'로 보고 있다는 데 있다. 자본의 증식 양상이 달라지면 노동계급의 모습도 변화하는 것이므로 다른 모습의 노동자들의 출현을 새로운 계급으로 볼 수 없다는 논리이다. 프레카리아트니 샐러리아트(salariat)니 하는 새로운 개념이 필요치 않으며 불안정성의 확대는 노동계급 전체에 닥친 현실이라고 주장한다(앨런 2014). 라이트(E. O. Write 2016)도 이러한 비판적 견해를 같이한다. 프레카리아트가 독립적인 새로운 계급이라고 간주되려면 기존의 노동계급과 생산관계에서 이질적인 위치에 있어야한다는 것이 기본적인 전제조건인데 그렇지 않다는 것이다. 따라서 전통적인 노동계급과 프레카리아트 간에 이해관계가 일치하지 않는다는 주장에도 라이트는 동의하지 않는다.

　노동시장이 유연화되면서 고용이 불안정하고 소득이 낮은 다양한 형태의 노동자가 출현하였는데, 이들을 바라보는 시각은 크게 세 가지 정도로 요약된다. 첫째는 계급구조 자체가 더 이상 의미를 갖기 어려워졌다고 보는 시각이다. 둘째는 다양한 노동자군의 출현을 프레카리아트라고 명명하고 이들을 새로운 계급이라고 보는 시각이다. 셋째는 이들을 기존의 노동계급 내에 존재한다고 보면서 단지 이질성의 증가로만 해석하는 시각이다. 필자의 이 글을 포함해서 계급구조에 관한 연구들이 갖는 관심은 한국 사회의 불평등 구조를 설명하는 데 있다. '사회적 연대와 균열의 선은 어디에 쳐질 것이며, 이것이 사회변혁에 갖는 함의는 무엇인가'라는 질문을 바탕에 깔고 있다.

이런 의미에서 위의 세 가지 시각은 각각 뚜렷하게 다른 함의를 갖고 있다.

　프레카리아트의 계급론적 함의를 다룬 국내연구들도 눈에 띄는데 (곽노완 2013; 이건민 2015; 이광일 2013; 이진경 2005; 이진경 2012; 임운택 2015), 이들을 위의 세 가지 시각으로 분류하기는 쉽지 않아 보인다. 곽노완(2013)은 프레카리아트를 매우 넓게 정의하는데, 대다수의 정규직도 이 범주에 포함시키며 여기에 추가하여 사회적으로 배제된 모든 사람들 즉 장애인, 청소년, 이주자, 영세 자영업자 등 다양한 범주를 추가하였다. 노동계급과 노동계급에 포함되지 않는 자들을 망라하는데 공통점은 불안정성에 있다. 연대와 균열의 경계로서 프레카리아트 개념을 사용하는 것이 아니라 불안정 노동을 곧 프레카리아트로 보는 식이다.

　임운택(2015)은 프레카리아트는 누구인가에 주목하기 보다는 '노동의 프레카리아트화'라는 개념을 더욱 중요시한다. 금융 자본주의가 가져온 '단기적 시간체제'(short-term time regime)가 기업의 경영스타일과 통제방식을 변화시켰고, 이것이 노동전반을 프레카리아트화 하고 있다고 본다. 단기고용, 용역계약, 파견노동과 같은 유연한 고용형태가 확산됨으로써 노동은 프레카리아트화 되었다.

　이진경(2005)은 19세기에 프롤레타리아트란 소수자 전체를 포괄하는 개념이었다는 점을 상기시키며, 현대의 프레카리아트를 그에 비견되는 개념으로 사용한다. 과거 프롤레타리아가 하나의 계급이라기보다는 자본가계급에게 고용되어 '노동자계급'이 되기 이전 단계로 이해될 수 있는 것과 마찬가지로, 프레카리아트는 비노동자계급 혹은 비계급으로 간주된다. 즉, 노동계급이 아닌 자, 아직 계급에 속하지 않은 자 들이다. 그러나 이들은 보다 넓은 의미인 프로레타리아트에 속한다. 프레카리아트는 노동계급과 이해관계가 대립되는 '계급'은 아니지만, 그렇다고 해서 노동계급과 '하나'인 것도 아니다(이진경 2012). 그가 이러한 논의를 펴는 것은 프레카리아트를 비정규직을 이해하는 개념으로 사용하기 위해서이다. 그에 따르면 정규직은 노동계급에 비정규직은 프레카리아트에 속하는 것으로, 이들 간의 차이와 대립은 객관적이고 실질적인 것이다. '노동자는 하나다'라는 구호로 뛰어넘을 수 있는 것이 아니라는 주장이다.

프레카리아트를 단지 고용이 불안정한 노동자, 그래서 삶이 불안정한 노동자로 본다면 핵심 을 놓친다는 것이 필자의 견해이다. 이들을 독립적인 계급으로 본 스탠딩(2011)이 안정성과 사회적 보호를 갖춘 서구의 전통적인 노동계급과 비교되는 프레카리아트의 현상적인 특징에만 주목하고 있다는 계급론자들의 비판은 적절하다. 그러나 프레카리아트를 고용이 불안정한 노동계급으로 보는 시각 또한 부적절하다. 먼저, 불안정성을 노동계급 전반에 불어 닥친 문제라고 보기 어렵다. 그 규모가 날로 줄어들기는 하지만 안정성을 확보한 노동자들은 분명히 존재하며 이들과 그렇지 않은 다른 노동자들 간에 서로 다른 이해가 형성되어 있는 것은 사실이다.

프레카리아트의 존재를 계급의 분화로 볼지 아니면 계급내 이질성의 증가로 볼지를 가르는 핵심적인 기준은 이들이 전통적인 노동계급과 생산관계에서 같은 위치에 있는지 이질적인 위치에 있는지에 달려있다. 필자는 후자라고 보며, 이 점에서 라이트(2016)를 비롯한 계급론자들과 의견을 달리한다. 현상적으로 관찰되는 고용의 불안정성과 삶의 불안정성은 이들이 처한 생산관계에서의 위치에 근본적으로 기인하는 것이며, 따라서 이들은 기존의 노동계급과 이해관계를 달리한다. 또한, 프레카리아트가 기존 노동계급과는 구별되는 이해관계를 형성하고 있다는 점을 지적한 부분에서는 이진경(2012)에 동의하지만, 이들을 각종 소수자들의 막연한 묶음으로 해석하는 것으로는 부족하다고 본다.

한국의 자본주의는 노동시장 유연화를 기치로 20-30년을 달려왔고 그 결과 고용은 불안정해졌다. 그러나 노동시장 유연화가 기간제와 시간제 노동자의 증가로만 귀결되었다면, 이를 두고 프레카리아트라는 '새로운 계급' 논의가 등장하지는 않았을 것이다. 한국에서 소위 '비정규직법'을 제정한 것이 2006년 말이었는데, 이때 이 법으로 다루고자 했던 것은 한시적 근로자의 고용 불안정성 문제였다. 그 때로부터 겨우 10년이 지났을 뿐인 오늘날, 비정규직 문제는 전혀 다른 양상으로 전개되고 있다. 2017년 4월 21일자 한 신문에는 한 직장에서 3년간 일하면서 그 사이 소속회사가 네 번 바뀌었고, 고용형태도 도급→계약직→프리랜서→도급으로 오락가락 했다는 노동자들의 기사가 실렸다(매일노동뉴스; 장지연(2017) 재인용). 다양한 종류의 간접고용과 독립계약자(프리랜서)의 확대가 프레카리아트의 본질이다.

비정규직이라는 용어가 임금근로자의 하위범주로 정의되어 온 것을 감안하면, 새롭게 등장하는 이 모든 고용형태에 속한 노동자를 통칭하기에는 다소 부적합해 보인다. 1980년대 이래로 노동시장의 유연화 과정에서 탄생한 모든 비전통적인 고용유형을 칭하는 용어로 '프레카리아트'가 보다 적절하다. 스탠딩(2014)에 따르면 프레카리아트는 전통적인 노동계급의 특성을 공유하지 않는 노동자들로서 일시적인 일자리에 있는 사람, 독립적 하청업자와 종속적 하청업자, 비공식 일자리에 있는 사람 등을 포괄한다. 이들을 아우르는 특징을 '불안정성'에서 찾는 것은 미흡한 접근법이 될 것이다. 이들이 자본과 맺는 관계가 전통적인 노동계급과 어떻게 다른지에 주목한다면, 이들의 이해와 계급적 연대, 사회적 균열에 주는 함의를 찾을 수 있을 것이다. 다음 장에서는 본격적으로 이들이 어떻게 노동계급으로부터 분화되었는지에 대해서 생각해 보고자 한다.

## 3. 노동계급의 분화: 자본과의 관계를 기준으로

노동시장 유연화와 소득불평등을 추동한 힘으로 흔히 경제의 글로벌화와 금융화가 지적된다. 글로벌화는 자본의 이동이 국제적인 것이 되면서 선진국의 산업노동자들이 개발도상국의 노동자와 경쟁하는 상황이 되었다는 것을 의미한다. 브랑코 밀라노비치(Branko Milanović 2016)에 따르면, 지난 30여 년간 1인당 실질가계소득 증가율은 선진국의 최상위층과 중국 등 개발도상국의 중산층에서 60~70%대로 가장 높았고, 선진국의 중하위층에서 소득증가율은 거의 0%로 가장 낮았다. 오프쇼오링(off-shoring, 생산시설의 해외 이전)이던 생산품의 수입이던, 어떤 방법을 통해서건 선진국 노동자는 주변부 국가 노동자들에게 일자리를 뺏기거나 임금하락 압력을 받게 된다. 노동시장 유연화에 저항할 힘은 당연히 줄어든다. 그러나 글로벌화는 고용형태 분화의 배경요인이기는 하지만, 고용의 축소 내지 단기화 이외에 다른 유형의 고용이 등장하는 현상을 충분히 설명하지는 못한다. 고용형태의 다양화는 금융 자본주의와 디지털 기술의 발달을 만나 비로소 현실화되고 확산된다.

금융 자본주의화는 자본이 생산현장에 직접적으로 관여하지 않으면서 이윤 극대화를 추구하게 된 것을 의미한다. 주주가치의 실현과 투자자 보호가 핵심적인 가치가 되고, 이익 실현의 사이클은 점점 더 단기화된다. 자본의 압력은 기업으로 하여금 수익성 향상을 주된 목표로 삼아 핵심 역량에 집중한다는 반응을 이끌어냈다. 인사, 회계, 재무, IT까지 회사 운영에 필수적일지라도 밖으로 내보낼 수 있는 활동은 모두 내보내는 것이 핵심 역량에 집중하는 것으로 여겨졌다. 이로써 당연히 일터의 주변부는 점점 더 깊이 패여 잘려나간다. 하청, 프랜차이징, 제3자경영이 널리 퍼지게 되고, 단기고용 뿐 아니라 프리랜서 활용도 보편화되게 되었다. 간접고용과 독립계약자(프리랜서) 활용이라는 방법을 통해서 일터를 나누고 노동자를 '털어내는' 관행이 당연시 되었다(와일 2016).

이제 디지털 기술의 발달은 이 과정에서 어떤 역할을 하는지 살펴보자. 노동자 '털어내기'를 실제로 가능하게 해 준 것은 디지털 기술의 발달에 힘입은 비즈니스 거래비용의 하락이라고 와일(2016)은 설명한다. 과거에는 대기업이 내부노동시장을 발달시켜 노동과정을 장악하고 거래비용을 감소시켰다면, 네트워크가 발달한 디지털 경제 시대에는 외부화로 노동자를 털어내고도 표준화된 상품과 서비스를 생산하는 것이 가능해지게 되었다는 것이다.

전통적인 노자관계에서는 사용자와 노동자의 관계는 지시-종속관계로 이해되어 왔다. 사용자는 노동자에게 노동의 이행을 지시하고, 그 이행 여부를 감독하며, 불이행시 징계를 가한다. 이런 관계를 '고용'이라고 부른다. 그런데 새롭게 분화하는 현대의 노동관계에서는

**〈그림 6.1〉** 노동관계의 구조

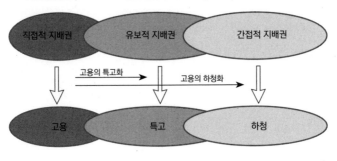

지배권(관할권=jurisdiction=법을 말할 수 있는 권한)의 세 가지 양식

직접적 지배권  유보적 지배권  간접적 지배권

고용의 특고화 →  고용의 하청화 →

고용  특고  하청

**사업의 세 가지 양식**

출처: 박제성(2016).

이러한 지시권의 행사가 간접적이거나, 계약이라는 형식 속에서 유보적으로 자리잡고 있다(박제성 2016). 과거에는 사업을 관할하는 '지배권'이 고용을 통해 직접적인 지배권의 행사로 이행되는 것이 보통이었으나, 디지털 경제 시대의 네트워크 기술은 지배를 유보적으로 행사하거나(특수고용형태종사자(이하 특고), 독립계약자), 간접적으로 행사하더라도(하청, 용역) 원하는 만큼 사업에 대한 지배권을 행사할 수 있다(박제성 2016). 노동과정을 관리하지 않고도 목표관리를 통해서 모든 노동은 지배당한다.

플랫폼 노동의 확산은 프레카리아트 논의와 관련하여 특별히 주목해야 할 현상이다.[2] 네트워크 플랫폼을 통해서 노동자들은 초단기 일

---

**2**    플랫폼 노동(platform work)은 디지털 플랫폼에 기반해서 중개되어 이루어지는

회적인 일을 반복하게 되는데, 이 때 플랫폼을 고용주로 볼 수 있는지는 애매한 형편이다. 미국에서 캘리포니아 주를 중심으로 우버(Uber) 등과 같은 일부 사례에 대해 법원이 고용주로 볼 수 있다는 판결을 내린 적이 있으나, 이런 시각이 앞으로도 유지될지는 미지수다(이다혜 2017). 독일 정부(2016)가 작성한『노동4.0백서』는 대형 플랫폼 제공자가 규정을 제시하고 기존의 노동자보호규정을 밀어내는 새로운 형태의 자본주의가 등장하고 있다고 경고하고 있다. 근로계약이 아니라 거래약관이나 실적평가(또는 소비자 만족도평가)를 통해서 근로자들의 업무를 통제한다. 디지털 네트워크를 통해서 일터에서 노동과정을 통제하지 않고도 업무의 표준을 제시하고 서비스나 결과물의 질을 통제할 수 있다. 소프트웨어 기업인 인튜이트(Intuit)는 미국 노동시장에서 2020년에 플랫폼 프리랜서의 비율이 약 40%에 달 할 것이라고 전망하였다(독일정부 2016). 한국에서는 대리운전과 택배 등의 영역에서 주문형 앱노동이 확산되고 있으며, 디지털 특고라는 명칭으로도 불린다. 고용안정은 고사하고 산업안전과 사회보험의 측면에서 근로조건이 날로 열악해져 가고 있는 것으로 알려져 있다.

프랜차이즈 점주는 법률적으로 개인사업자의 지위를 가지고 있으나, 자세히 들여다보면 내용이 그리 간단하지 않다.[3] 프랜차이즈 사

노동으로, 크게 크라우드워크(crowdwork)와 주문형 앱노동(on-demand work via app, 짧게는 앱노동)으로 나뉜다. 크라우드워크는 온라인으로 불특정 다수의 노동자들이 참여하여 일하는 것을 의미하는데, Amazon Mechanical Turk, Crowdflower 등이 대표적이다. 주문형 앱노동은 디지털 플랫폼으로 중개되지만 오프라인에서 대면접촉으로 이루어지는 노동이다. 대리운전 서비스나 우버 등이 여기에 해당된다. (황덕순 외 2016)

3  프랜차이즈 업체는 편의점, 식음료판매, 교육서비스(학원) 등 방대한 업종에 포진하고 있으며, 가맹점의 수는 2013년 시점에 약 50만 개, 종사자 수는 140만 명 이상으로 추정되고 있다(KB금융지주 경영연구소 2012; 김철식 2014 재인용).

업은 '시장(market)'이냐 '위계(hierarchy)'냐 하는 고전적인 구분을 적용하기 어렵다. 가맹본부와 가맹점 간에는 자율적인 계약이 체결되고 이에 근거하여 사업을 한다고는 하지만, 일반적인 자영업과는 달리 가맹본부는 제품공급이나 공정, 노동과정과 품질관리, 재고 및 유통 등 운영 전반에 관하여 엄밀하게 표준화된 양식이 적용된다. 김철식(2014)은 이를 두고 '표준화를 통한 통제'라고 정리하였다. 편의점의 사례에서 보면, 바코드 스캔으로 매출액 및 재고상황이 완벽하게 실시간으로 본부에 전달되는데, 매출액은 '일일송금제도'를 통해서 전액이 날마다 가맹본부로 보내지고 가맹점주의 몫은 월별로 정산하여 한 달 후에 돌려받는다. 업무시간은 물론이고 재고관리와 청결유지방법에 이르기까지 가장 낮은 수준의 의사결정까지 사전에 결정됨으로써 가맹점주의 자율성은 극도로 제한된다(김철식 2014).

특고와 프리랜서, 프랜차이즈의 경우를 자본이 사업의 관할을 유보적 지배를 통해 관철하는 경우로 본다면, 하청노동은 간접적 지배에 해당한다. 자동차를 필두로 제조업종의 경우에도 A/S와 영업/판매, 청소/경비, 포장/운송, 설비보수 등의 간접부문은 모두 외주화되었고, 심지어 조립라인에까지 불법파견이 들어온 실정이다. 새로운 공정이 도입되면 별도법인에서 생산하면서 대부분 도급이나 파견업체로부터 인력공급을 받는다(김성혁 2017). 고용노동부의 '고용형태공시제'에 나타난 300인 이상 민간 대기업의 간접고용 인원은 2015년에 93만명으로 보고되었으나, 이는 별도법인에 속한 고용은 제외된 숫자이므로 실제 간접고용인원은 이보다 훨씬 많을 것이다.

한국의 경우는 네트워크가 덜 발달된 분야에서도 이전부터 적극적인 아웃소싱 전략을 활용해 왔다. 기업별 노사관계의 관행도 보호해야할 노동자의 범위를 좁게 한정함으로써 이러한 경향을 저지하는데 실패하였다. 그러나 이러한 경향을 가속화 시키는데 디지털 기술의 발달이 영향을 끼쳐왔으며, 특히 최근에 하청을 넘어 독립도급의 확산이나 프랜차이즈 확산에는 그 영향이 지대하다고 보아야 한다. 간접고용과 특고, 그리고 프리랜서와 프랜차이즈를 통해서 과거라면 거대 기업에 속했을 노동자들이 이제는 소속이 불분명한 노동자가 되었다.


## 4. 노동시장지위별 상태와 균열선

지금까지 전형적인 자본-임노동 관계를 벗어나는 생산관계가 크게 증가하고 있다는 사실을 살펴보았다. 다양한 고용형태를 대략적으로 적어보더라도 10가지 이상이 떠오른다(〈글상자 6.1〉). 이 중에서 전형적인 노동계급은 ①과 ②유형이라고 볼 수 있다. 프레카리아트는 넓은 정의로는 ③~⑨, 좁은 정의로는 ④~⑧유형 정도가 되는 것으로 분류할 수 있을 것이다. 이들의 규모가 얼마나 되는지는 현행 통계청 경제활동인구조사 자료를 통해서는 확인할 수 없다. 이들을 구분해 낼 수 있는 방식으로 고용형태가 정의되어 조사되지 않고 있기 때문이다.

자본-임노동관계에 주목하여 프레카리아트를 정의할 때, 〈표 6.1〉에서는 ③~⑦ 범주에 해당하는데, 여기에 속하는 노동자의 규모는 499만 명이다. 매우 보수적으로 잡아도 약 500만 명의 노동자는 자본의 직접적인 지배-고용 관계를 벗어나는 유형의 노동자라고 볼 수 있다. 이 숫자는 별도법인을 통한 간접고용이나 300인 미만 사업장의 간접고용을 포함하지 않은 추계치이며, 수많은 프리랜서와 프랜차이즈 점주도 제외된 숫자이다. 이들 범주의 노동자 규모는 빠르게 늘어나고 있는 추세라는 점은 앞서 언급한 바와 같다.

**〈글상자 6.1〉** 다양한 고용형태

---

- **자본가이자 노동자인 계급 (working capitalists)**
  - ① 제조·대기업 정규직 노동자
  - ② 중소·영세기업/서비스 노동자
  - ③ 직접고용 비정규직 노동자
  - ④ 하청노동자(간접고용)
  - ⑤ 특고/독립계약자
  - ⑥ 프리랜서
  - ⑦ 프랜차이즈 점주
  - ⑧ 비공식노동
  - ⑨ (순수)자영자

---

**〈표 6.1〉** 비정규직 유형별 규모

| 취업자 2,600만 | 임금 1,930만 | 정규직: (1,300만)(사내하청, 서비스업 사외하청 포함) | | |
| --- | --- | --- | --- | --- |
| | | 비정규직 627만 (32.5%) 897만 (42.5%) | ① 한시적(기간제 포함): 364만 | |
| | | | ② 시간제: 224만 | |
| | | | ③ 비전형(경활): 호출+가내: 92만 | |
| | | | ④ 비전형(경활): 파견+용역: 87만 | 간접고용 (180만) |
| | | | ⑤ 사내하청(고용공시): 93만 | |
| | | | ⑥ 비전형(경활): 특고 50만 | 특고 (227만) |
| | 비임금 700만 | | ⑦ 특고(인권위): 177만 | |
| | | 자영 | | |

출처: 통계청, 경제활동인구조사 2015년 8월 부가조사

〈글상자 6.1〉에 제시한 고용형태 유형은 자본과 맺는 관계라는 면에서 모두 얼마 간 다르다. 이들 범주들 간에 어떤 모양으로 연대와 균열이 발생할지는 선험적으로 판단하기 어렵다. 범주 ⓪에 해당하는 사람들, 즉 스톡옵션 받는 자들이자 소득 상위 1%에 해당하는 사람들이 독주하는 사회라면 정규직 노동자들까지도 박탈감을 느낄 것이다. 경제의 글로벌화 영향 아래 있는 선진국에서 중산층을 구성하는 정규직 노동자들이 고용의 축소와 소득 감소를 경험하게 된다면, 이들은 불만을 "밖으로" 돌리는 우파 포퓰리즘에 이끌려 반이민정책이나 브렉시트 지지와 같은 집단적 행동을 보일 수 있다.

한국은 상위 1%의 소득집중도도 매우 높지만, 그보다 더 빠른 속도로 상위 10%의 소득집중도가 증가한 경우이다(홍민기 2015). 한국 소득상위 10%의 소득점유율은 48%로 미국과 같은 수준이며, 이 수치는 1990년대 후반 이후 급격히 증가하였다(〈부도 6.1〉 참조). 이 통계수치를 조심스럽게 들여다보면, 어떤 선을 경계로 균열이 일어날 가능성이 있는지 짐작할 수 있다. 이 수치는 20세 이상 인구 중에서 소득이 상위 10%에 해당하는 사람이 1년 동안 벌어들인 소득이 전체 국민이 신고한 소득에서 차지하는 비중으로 계산된다. 즉, 기본적으로 개인자료이며 소득이 전혀 없는 노인이나 비경활인구도 분모에 포함된다. 이 지표에서 일컫는 상위 10%를 우리에게 익숙한 다른 지표들과 비교해 보면 몇 퍼센트에 해당할까? 흔히 소득불평등은 한 가구에 속한 가구원의 소득을 합산한 후 그 소득수준을 구성원이 똑같이 누리는 것으로 간주하므로, 홍민기(2015)의 소득상위 10%는 가구소득 상위 20% 정도에 해당 할 것으로 보인다. 한편 취업자만을 대상으로 하는 근로소득 순위로 바꾸어 생각해 보자면, 2014년에 20세 이상

인구가 약 3,870만 명이므로 상위 387만 명은 취업자수 대비 20%를 조금 넘는 수준에 해당된다. 요컨대, 홍민기(2015)의 소득상위 10%의 점유율이 증가하였다는 논의는 가구소득 20%선, 취업자 상위 20%의 소득 점유율이 상대적으로 크게 증가하였다는 뜻이 된다. 대체로 〈표 6.1〉에 나타난 공공부문과 대기업 정규직이 차지하는 비율에 근접하는 수치이다. 요컨대, 한국은 1:99의 사회라기보다는 20:80의 이중화 사회에 더 가까운 것으로 판단된다.

## 5. 계급연대에서 주목할 지점: 고용형태의 다양성과 불안정노동의 복합성

노동시장이 유연화되고 소득불평등이 심화되었음에도 불구하고, 이를 해결하려는 노동계급의 조직적인 목소리는 왜 힘있게 울려퍼지지 못하는가? 특히 프레카리아트가 노동계급의 연대에 던지는 함의를 생각해 보고자 하였다.

많은 이들이 프레카리아트의 존재에 주목하였다. 그러나 필자가 보기에 이들의 불안정한 노동과 불안정한 삶에 초점을 맞추는 것만으로는 이들이 갖는 계급적 함의를 이해할 수 없다. 스탠딩(2011)이 프레카리아트를 불안정성을 공유하는 범주로 파악하면서 '새로운 계급'이라고 주장하였을 때 선뜻 납득하기는 어렵다. 그러나 라이트(2016)가 프레카리아트가 전통적인 노동계급과 생산관계에서 이질적인 위치에 있지 않으며 따라서 이해관계가 불일치하지도 않는다고 주장하는 것에는 더욱 동의할 수 없다.

다양한 종류의 간접고용과 독립계약자(프리랜서)의 확대가 프레카리아트의 본질이다. 이들이 자본과 맺는 관계는 전통적인 노동계급과는 다르며, 그렇기 때문에 이들은 계급적 연대나 사회적 균열에 특별한 의미를 가질 수 있는 것이다.

오래 전부터 존재했던 영세 자영업자와 비공식 노동자들 이외에 새롭게 노동계급으로부터 분해되어 등장한 프레카리아트의 확산은 금융 자본주의와 디지털 기술의 발달에 기인한 바 크다. 주주가치의 실현과 투자자 보호가 핵심적인 가치가 되고, 이익 실현의 사이클은 점점 더 단기화된 자본주의 경제에서 수익성 향상을 위하여 핵심 역량에 집중하고 주변적 업무는 외부화하게 되는데, 이때 디지털 기술이 허락한 네트워크의 발달은 외부화로 노동자를 "털어내고도" 표준화된 상품과 서비스를 생산하는 것이 가능해지게 만들었다(와일 2016). 과거에는 사업을 관할하는 '지배권'이 고용을 통해 직접적인 지배권의 행사로 이행되는 것이 보통이었으나, 디지털 경제 시대의 네트워크 기술은 지배를 유보적으로 행사하거나(특고, 독립계약자, 프랜차이즈), 간접적으로 행사하더라도(하청, 용역) 원하는 만큼 사업에 대한 지배권을 행사할 수 있다(박제성 2016).

다양하게 형성된 고용형태 범주들 간에 어떤 모양으로 연대와 균열이 발생할지는 경험적으로 결정될 것이다. 불평등심화의 추세를 살펴본 바에 따르면, 한국은 20:80의 이중화 사회에 가까운 것으로 보인다. 상대적으로 소득수준이 높고 고용이 안정된 대기업 정규직과 그 외 모든 노동자들 간의 격차는 심화되는 일로에 있다. 프레카리아트의 고용 불안정과 삶의 불안정성 문제를 해결하기 위해서는 고용이 안정된 좋은 일자리를 많이 창출하는 노동시장정책과 더불어

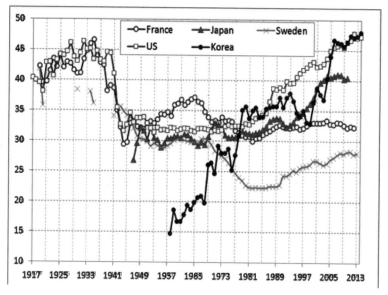

출처: 홍민기(2015). 주: 다른 나라는 The World Wealth and Income Database. 한국은 국세청자료를 이용하여 홍민기가 보충하여 완성함.

산업 자본주의 시대에 임금노동자 보호의 관점을 넘어서는 사회정책 패러다임이 요구된다.

# 참고문헌

가이 스탠딩. 김태호 옮김. 2014. 『프레카리아트: 새로운 위험한 계급』고양: 박종철출판사. Guy Standing. 2011. *The Precariat: The New Dangerous Class*. University of Sydney.

곽노완. 2013. "노동의 재구성과 기본소득: 기본소득은 프레카리아트의 계급 형성과 진화에 필수적인가?"『마르크스주의 연구』10(3): 94-114.

김성혁. 2016. "신기술에 의한 작업공정과 제품의 변화." KLI-FES 컨퍼런스 발표문 2017.4.6.

김영순·여유진. 2011. "한국인의 복지태도: 비계급성과 비일관성을 중심으로."『경제와 사회』91: 211-240.

김철식. 2014. "프랜차이즈 노동관계 실태." 박제성 외.『프랜차이즈 노동관계 연구』. 세종: 한국노동연구원.

데이비드 와일. 송연수 옮김. 2015. 『균열일터: 당신들을 위한 회사는 없다』. 서울: 황소자리. David Weil. 2014. *The Fissured Workplace*. Harvard University Press.

독일 정부. 2016. 『노동 4.0 백서』.

박제성. 2016. "새로운 고용관계를 규율하기 위한 노동법의 역할과 원칙: 디지털 노동관계를 중심으로." 황덕순 편.『고용관계 변화와 사회복지 패러다임 연구』. 세종: 한국노동연구원

백승호. 2014. "서비스경제와 한국사회의 계급, 그리고 불안정 노동 분석."『한국사회정책』21(2): 57-90.

에릭 브린욜프슨·앤드루 맥아피. 이한음 역. 2014『제2의 기계 시대』. 서울: 청림출판. Brynjolfsson, Erik & Andrew McAfee. 2014. *The Second Machine Age: Work, Progress, and Prosperity in a Time of Brilliant Technologies*. MIT Sloan School of Management.

신광영. 2008. "글로벌화 시대 계급론과 계급 분석."『경제와사회』77: 238-255.

얀 브레먼. 2016. "프레카리아트는 허구적 개념 아닐까?"『마르크스21』15: 92-106.

이건민. 2015. "프레카리아트의 호명과 그 이후."『진보평론』63: 322-338.

이광근. 2015. "개인화, 계급, 하위정치: 울리히 벡의 논의를 중심으로."『동향과 전망』94: 93-127.

이광일. 2013. "신자유주의 지구화시대, 프레카리아트의 형성과 '해방의 정치'."『마르크스주의 연구』10(3): 115-143.

이다혜. 2017. "공유경제(sharing economy)의 노동법적 쟁점."『노동법연구』42: 401-441.

이진경. 2005. "계급과 비-계급의 계급투쟁."『마르크스주의 연구』2(2): 38-67.

이진경. 2012. "프롤레타리아트와 프레카리아트."『마르크스주의 연구』9(1): 173-201.

임운택. 2015. "금융시장 자본주의와 노동의 프레카리아트화."『경제와 사회』107: 12-43.

장지연. 2017a. "노동시장의 변화와 사회정책적 대응."『노동리뷰』2017년 3월호.

장지연. 2017b. "고용형태 다양화와 노동시장 불평등."『고용·노동브리프』69.

전병유 외. 2014. "다중격차 시대의 사회적 균열과 정책패러다임."『SSK 중형단계 연구계획서』.

전병유·신진욱. 2014. "저소득층일수록 보수정당을 지지하는가? 한국에서 계층별 정당지지와 정책태도 2003~2014."『동향과 전망』91: 9-50.

조돈문 외. 2016. "노동자로 불리지 못하는 노동자: 특수고용 비정규직 실태와 정책 대안." 매일노동뉴스.

프레이저. 2014. "삼중운동? 폴라니 이후 정치적 위기의 속살을 파헤친다." 뉴레프트리뷰.

프레이저 외. 문현아·박건·이현재 옮김. 2016.『불평등과 모욕을 넘어: 낸시 프레이저의 비판적 정의론과 논쟁들』서울: 그린비. Nancy Fraser Debates Her Critics, by Nancy Fraser et. al., edited by Kevin Olson, Verso. 2008. *Adding Insult to Injury: Social Justice and the Politics of Recognition*. Verso.

키어런 앨런, 김준효, 차승일. 2014. "프레카리아트 : 새로운 계급인가 허구적 개념인가?" 『마르크스21』 14: 268-293.

홍민기. 2015. "최상위 소득비중의 장기 추세(1958~2013년)." 『경제발전연구』 21(4): 1-34.

홍민기. 2017. "소득불평등의 현황과 대책." 『노동리뷰』 2017년 3월호. 세종: 한국노동연구원.

홍찬숙. 2014. "계급론 대 개인화 이론?" 『한국사회학』 48(2): 107-132.

홍찬숙. 2015. 『개인화: 해방과 위험의 양면성』. 서울: 서울대학교출판문화원.

황덕순 외. 2016. 『고용관계 변화와 사회복지 패러다임 연구』. 세종: 한국노동연구원.

Kitschelt, Herbert. 2004. "Parties and Political Intermediation." in Kate Nash and Alan Scott (ed.). *The Blackwell Companion to Political Sociology*. Oxford: Blackwell Publishing, pp. 149-164.

Standing, G. 2011. *The Precariat: The New Dangerous Class*. Bloomsbury Academic. 김태호 역. 2014. 『프레카리아트: 새로운 위험한 계급』. 고양: 박종철출판사.

Standing, G. 2015. *A Precariat Charter: From Denizens to Citizens*. Bloomsbury Academic.

Write, E.O. 2016. *Understanding Class*. Random House Inc.

# 7장

## 다중격차 시대의 노동–시민 연대[1]

## 1. 노동시민연대의 와해, 복구는 가능한가?

한국의 시민사회와 정치사회는 민주화를 이룩하자마자, 거의 동시에 세계화의 파고를 헤쳐와야만 했다. 민주화 이후 두 차례의 금융위기를 거친 한국경제는 세계시장에서 경쟁력과 점유율을 높여야 살아남을 수 있는 무한경쟁에 노출되었으며, 이 과정에서 한국의 몇몇 대

---

[1] 이 장은 2016년 Cambridge University Press에서 출간된 필자의 저서, *When Solidarity Works: Labor-Civic Networks and the Welfare States in the Market Reform Era* (이하, 『연대가 실현될 때』)의 주요 주장과 분석을 '다중격차'의 시각에서 '한국사례'의 일부분만을(5-6장) 재조명한 작업입니다. 이론적 틀과 한국사례 연구(3-4절)의 대부분은 2016년 저서로부터 '직접 발췌' 및 '요약' 과정을 통해 가져온 것임을 전제하며, 5절(다중격차와 노동–시민 연대)은 새로 작업한 것임을 밝혀 둡니다. 이 책은 현재 한국출판사를 통해 번역 과정에 있기 때문에 이보다 더 자세한 논의를 싣지 못함에 대해 독자들의 양해를 바라며, 직접인용의 경우 통상적인 학술 서적 및 저널의 인용 절차를 따랐습니다.

기업은 글로벌 기업으로 성장하는 데 성공하였다. 하지만 개발도상국의 기업들 중 세계사적으로 유례가 없을 정도로 인상적인 한국 재벌들의 성공 신화는 거의 모든 사회지표의 극적인 악화를 동반한 것이었다. 자살율이나 출산율과 같이 사회 재생산과 관련된 가장 기본적인 지수는 이미 세계 최고와 최저를 기록한지 여러 해가 지났다. 또한, OECD 최고 수준의 노인 빈곤율과, OECD 최저 수준의 여성권, OECD 최고 수준의 자산 및 소득불평등과 같은 지수들에 이르면, 한국사회가 민주화와 세계화를 거치며 이룩한 정치경제적 성장의 '질'에 대한 근본적인 성찰이 필요함을 절감하게 된다.

한국의 노동운동과 시민운동은 지난 3년의 세월 동안 세계사에 유례없는 성취와 좌절을 경험해 왔다. 1996~7년 노동자 대투쟁은 40년 가까이 지속되어 온 권위주의 정부가 허물어지는 도화선을 제공하였으며, 1990년대 후반과 2000년대 중반까지 짧게 지속된 '노동-시민 연대'는 건강보험, 국민연금, 기초노령연금 등의 정책분야에서 복지국가의 기초를 다지는 주요한 제도적 개혁들을 이루어 냈다. 하지만 이 짧은 기간은 노동시장과 연금분야에서 돌이킬 수 없는 '제도적 후퇴'(retrenchment)를 허용하며 노동운동과 시민운동의 연대, 그리고 노동운동 내부의 연대가 와해된 시기이기도 하다. 아이러니컬하게도, 한국의 노동운동과 시민운동은 가장 중요한 제도적 성취를 이룩한 동시에 혹은 연이어 제도적 후퇴를 경험한 드문 케이스이다. 소위 '진보정권'이라 불리는 김대중-노무현 정권은 노동-시민 연대에 부응하여 보편적 복지국가를 향한 주요 제도들을 입안했지만, 동시에 시장주의적 요소들이 복지제도에 편입되도록 문을 열어 주기도 했다. 특히, 이 시기 입안된 근로자 파견제와 비정규직 법안들은 노동시장을 근본적으로 변화시켰으며 이로 인해 한국사회의 주요한 '격차'와 '불평등' 또한 극적으로 증대되었다.

도대체 (1) 한국의 노동-시민 연대는 어떻게 그러한 극적인 성취를 이루어냈고, (2) 왜 연이어 내적인 분열과 와해를 경험하였는가? (3) 불평등이 악화되고 다양한 격차가 중첩된 시대에 노동-시민 연대의 복구는 어떻게 가능할 것이며, 어떤 모습과 의제를 통해 진행될 것인가?

## 2. 시민사회와 복지국가

필자는 이 질문들에 답하기 위해 『연대가 실현될 때』(When Solidarity Works, Lee 2016)에서 '배태된 응집성'(embedded cohesiveness)과 '탈구된 응집성'(disarticulated cohesiveness)이라는 개념을 만들었으며, 이를 통해 복지국가 발전과 쇠퇴의 동학을 시민사회와 사회운동론적 시각에 입각하여 설명하고자 하였다.

먼저 이 글은 '응집성'(cohesiveness)과 '배태성'(embeddedness)을 정의하기 위해 '공식-제도적 영역'(formal-institutional sphere)와 '비공식 시민 영역'(informal civic sphere)을 구분한다. 공식 제도 영역은 정치정당, 노조, 전문직 협회들을 포괄한다. 이들 모든 조직의 주된 기능은 '이익의 구획과 분배'를 위해 국가기관과의 협상과 교섭이다. 모두 조직의 구성, 목표와 일상적 활동 및 외부와의 접촉에 관한 규칙들이 내적으로 확립되어 있으며, 국가와 다른 시민사회 구성원에 미치는 영향력 또한 법으로 관리되고 보호받는다. 반면, 비공식 시민사회 조직들은 교회, 문화 및 취미 클럽, 자선-복지 단체, 환경 및 인권 단체 등으로 구성되어 있으며 공식 조직들에 비해 이념과 이익의 분배과정에서 상대적으로 독립되어 있다. 이들은 현대의 관료제와 정치적 쟁투 및 협상과정에 어느 정도 독립적으로 존재하며, 지역 사회 및 사적 가족들의 삶의 과정에 보다 깊숙이 관련되어 있다. 퍼트남이 주목한 '사회적 자본'(social capital), 하버마스가 의사소통행위이론에서 이론화한 '생활세계'(lifeworld)에 가까운 영역이며, 토크빌이 발견한 19세기 미국의 지역 공동체조직들, 혹은 폴라니가 발견한 '오웬적 사회'(the Owenite Societies)가 근대적 혹은 현대적 사례들이다(Lee 2016, 54~55).

〈그림 7.1〉은 이 두 영역에 속하는 다양한 공식·비공식 시민사회 조직들과 그들 사이의 관계를 보여준다. 먼저, '응집성'은 공식조직들 간의 '연계'(ties/connections/linkages)로 정의된다. 정치정당과 노조와의 연계는 '권력자원론'(power resource theory)으로 이론화되어 왔고, 국가/집권당과 노조/전문직업집단과의 관계는 '조합주의론'(corporatism)으로 이론화되었다. 이 연구는 공식조직들의 비공식시민사회조직과의 연계를 '배태성'이라 정의하고, 이 공식조직의 배태성이 복지국가 및 노동시장제도의 후퇴와 발전을 설명하는 결정적인 요소라 주장한다. '배태된 응집성'에 기초한 노동-시민연대는 '잠정적'인 것이다. 필자는 '사회적 연대'의 기초를 전통적인 권력자원론의 '계급 간 힘의 관계'(constellation of class power)나 시장에서의 '위험의 공유'(pooling of risks, Baldwin 1990)로 귀결시키지 않는다. 대신 '연대'의 범위와 내용은 사회운동세력 내 조직 리더들 간의 소통과 타협, 조율을 통해 끊임없이 재정의되는(re-definded) 것이다(Lee 2016,

288~290). 연대의 범위와 내용이 잠정적인 것을 넘어 지속적인 것으로 정의되기 위해서는 '정책'이 '법'으로 제도화되어야 하며, 정책 입안을 위해 연대를 구성했던 사회세력들이 스스로 추진하고 협상하여 도출해낸 법을 중심으로 기존의 '정책역량'(policy capacity)과 '동원역량'(mobilization capacity) 또한 재배치하고 제도화해야 한다.

　이 연구는 세 공식조직 중 노조의 배태성에 주목한다. 노조는 아래로부터 자발적으로 조직된 시민사회조직 중 제도적-비제도적 수단들을 통해 경제적 생산관계에 직접적으로 영향을 미칠 수 있는 조직임과 동시에 국가의 억압기구에 맞서 가장 강력한 저항의 자원을 조직할 수 있는 역량을 갖고 있다. 더 나아가 노조는 선거과정을 통해 노동자들을 민주적 규율과 가치의 쟁투과정에 진입시키며, 공적-제도적 영역에 참여하는 기회를 제공한다. 마지막으로, 노조는 (배태성을 견지할 경우) 하층계급의 경제적 이익을 방어하고 향상시키는 '경제 정의'의 원칙에 입각하여 활동하는 소수의 시민사회조직 중 하나이다. 이러한 노조의 특성은, 노조가 여타 계급과 동맹과 연대를 추진할 때 그 힘을 배가시키는 근원적 역량이기도 하다.[2] 노조의 배태성은 시민사회와 노조의 역사적으로 형성된 '신뢰 관계'(trust relationship), 노조의 시민사회에서의 '정당성'(legitimacy)을 형성하는 과정을 반영하며, 궁극적으로는 노조의 '동원역량'(mobilization capacity)와 '정책역량'(policy capacity)를 통해 역사적으로 형성된 '신뢰'와 '정당성'을 '정책동맹'으로 전환시킬 수 있는 조직 수준의 '집합적 리더십'을 측정

---

2　노조 및 노조의 배태성의 중요성에 대한 더 깊은 논의는 『연대가 실현될 때』 1장과 "노조와 거버넌스"(Lee 2007)라는 글을 참조하라.

**〈그림 7.1〉** 공식–비공식 시민사회 영역에서 응집성과 배태성의 예시

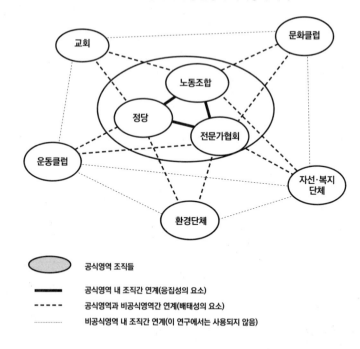

교회

문화클럽

노동조합

정당

전문가협회

운동클럽

자선·복지
단체

환경단체

⬭ 공식영역 조직들

─── 공식영역 내 조직간 연계(응집성의 요소)

----- 공식영역과 비공식영역간 연계(배태성의 요소)

············· 비공식영역 내 조직간 연계(이 연구에서는 사용되지 않음)

하는 개념이다.[3] 노조의 응집성과 배태성을 약한 수준부터 강한 수준
으로 변수화한 후 2×2 도표(two-by-two table)를 만들면 〈표 7.1〉과
같다. 필자는 이 네 가지 경우의 공간에서 국가와 노조 사이의 '후퇴
게임'(retrenchment game)과 '확장게임'(expansion game)을 구축, 모두
여덟 가지의 이상형(ideal-type) 게임모델로부터 다음과 같은 결과를
도출하여 노조와 국가의 전략적 행위를 요약하였다.[4]

**3**　이에 관한 보다 상세한 논의는 위의 책 3장의 '응집성과 배태성의 요소: 동원역량
　　과 정책 역량' (61~66쪽) 참조.
**4**　각각의 게임은 책 부록 C-1과 C-2를 참조하라.

**〈표 7.1〉** 응집성과 배태성의 교차공간에서의 국가와 노동조합의 전략적 행동: 후퇴 (축소)와 확장 게임

| | | 응집성Cohesiveness (노조의 집권당과의 연계) | |
|---|---|---|---|
| | | 약함 | 중간-강함 |
| 배태성 Embedded-ness (노조의 시민사회에의 연계 Unions' Linkagaes to Larger Associational Field) | 약 함 | 노조: 국가와 시민사회에 (장기적) 헌신관계 부재<br><br>국가: 노조에 양보 필요성 없음. 물리적 대치나 선거패배에 대한 우려 부재<br><br>제로섬 갈등 게임:<br><br>(1) 복지국가 후퇴(축소) 게임 결과: 국가의 급진개혁과 노조의 전투주의<br><br>(2) 복지국가 확장 게임 결과: 노조 주도 개혁 실패 | 노조: 국가(집권당)에 강한 헌신. 하지만 시민사회에 (장기적) 헌신 관계 부재<br><br>국가: 노조에 양보 필요성 있음. 하지만 물리적 대치나 선거패배에 대한 우려 부재<br><br>국가 우위 게임:<br><br>(1) 복지국가 후퇴(축소) 게임 결과: 국가의 급진개혁과 노조의 수용<br><br>(2) 복지국가 확장 게임 결과: 노조의 선택적 개혁과 국가의 수용 |
| | 중 간 - 강 함 | 노조: 시민사회에 강한 헌신. 하지만 국가(집권당)에는 헌신관계 부재<br><br>국가: 노조에 양보 필요성 (단기적으로는) 없음. 하지만 물리적 대치나 선거패배에 대한 강한 우려<br><br>노조 우위 게임:<br><br>(1) 복지국가 후퇴(축소) 게임 결과: 국가의 급진개혁과 노조의 반발, 그리고 국가의 보상, 혹은 국가의 온건개혁과 노조의 수용<br><br>(2) 복지국가 확장 게임 결과: 노조의 개혁 실패 혹은 노조의 보편 개혁과 국가의 수용(매우 강한 배태성의 경우) | 노조: 국가와 시민사회 모두에 헌신 관계<br><br>국가: 노조에 양보 필요성. 물리적 대치나 선거패배에 대한 우려<br><br>노조-국가 협의 게임:<br><br>(1) 복지국가 후퇴(축소) 게임 결과: 국가의 온건개혁과 노조의 수용<br><br>(2) 복지국가 확장 게임 결과: 노조의 보편 개혁과 국가의 수용(중간수준 응집성의 경우) |

노조가 국가와 시민사회 모두로부터 소외되어 있을 때(낮은 응집성과 낮은 배태성), 노조는 국가와 간헐적이고 일관성 없는 즉흥적인 갈등을 일으킬 것이다. 하지만 국가에 의해 급진적인 시장주의적 개혁아래 임금과 사회보장을 삭감하고 노동권을 후퇴시키는 정책을 추진할 때, 이를 방어하지 못할 것이다. 또한 사회개혁을 스스로 추진할 상황에서도, 국가가 노조의 제안을 거절할 경우 이를 제재할 어떤 능력이 부재하기 때문에, 결국 보편적 개혁(universal reform) 혹은 선택적 개혁(selective reform) 중 어느 것도 추진하지 못한다.

노조가 시민사회로부터 유리되어 있으나 국가 혹은 집권당과 긴밀한 연계를 유지할 때, 노조는 국가에 의해 이용 당하거나(exploited) 스스로를 위한 개혁만을 추진할 것이다. 다시 말해서 국가가 노조의 권리나 조합원의 권리 혹은 (사회)임금을 축소시키는 급진적인 시장개혁을 추진할 경우, 시민사회와의 연계의 역사와 제도가 부재한 노조는 국가의 개혁을 수용할 것이다. 하지만 노조가 스스로 사회정책을 입안할 수 있는 상황에 있을 경우, 노조는 자신의 소속원의 협애한 이해에 충실한 선택적 개혁을 추진할 것이고, 국가 또한 이에 부응할 것이다.

노조가 시민사회와 견고한 연대의 전통을 유지하고 있으나 국가/집권당과는 별다른 연계를 갖고 있지 않은 경우, 노조는 광범위한 시민사회와의 연대를 통해 국가를 징벌할 정치적 수단들을 동원할 수 있다. 따라서 국가가 급진적 시장개혁을 시도했더라도 이후 물러서며 타협을 추구할 것이고, 아예 처음부터 급진 개혁보다는 온건 개혁을 추진할 수도 있다. 광범위한 사회개혁의 국면이 도래할 때 시민사회에 뿌리내린 노조는 시민사회의 대표자로서 보편적 사회정책을 제안하고 추진할 것이고, 국가는 한편으론 노조의 정치적 징벌에 대한 우려로, 다른 한편으로는 정책적 압력에 설득되어 보편적 개혁안을 받아들일 것이다.

노조가 시민사회에 깊이 뿌리내리고 있으면서 동시에 국가/집권 당과도 강한 동맹관계에 있을 경우, 노조는 국가와 시민사회 양측과 협의하면서 자신들의 전략을 조율할 것이다. 복지 및 노동시장제도 후퇴의 시기에, 노조와 국가는 '온건개혁'(moderate reform)과 '자제' (restraint)에 합의할 것이다. 노조의 시민사회와의 강한 연대와 국가 와의 소통채널은 노조와 국가 양측의 '기회주의적 행위'(opportunistic behavior)를 좌절시킬 것이기 때문이다. 또한, 사회개혁의 시기에 시 민사회에 배태된 노조는 시민사회의 이해전체를 자신들의 이해로 받 아 들이며 보편주의적 사회정책을 추진할 것이다. 다만, 노조와 국가 의 연대가 너무 강할 경우에는 이러한 노조의 시민사회적 보편주의 가 실현되지 않을 수도 있다. 현실에서 극도로 강한 배태성과 극도로 강한 응집성이 공존하기는 힘들기 때문이다.[5]

이 글은 노조의 응집성과 배태성이라는 개념을 통해 궁극적으로 '사회운동론'과 '시민사회론'을 복지국가 축소와 확장의 중심에 놓 는다. 이를 통해 노동계급과 그 대표조직이 어떻게 '특수이익집단' 에서 '보편이익집단'으로 자리매김하는지, 그러한 사회연대(social solidarity)의 조직과정이 민주적 정치과정 속에서 국가/집권당과 상 호작용을 통해 어떻게 사회정책으로 구현되는지를 해명하고자 하 였다. 또한, 노조 혹은 노동-시민연대가 어떻게 정치적 무게(political

---

5 이와 관련 보다 깊은 논의는 필자의 책, 부록 C-2, 328-333쪽을 참조하라.

weight)를 획득하게 되는지, 국가와 시민사회가 접촉하는 정치와 정책의 영역에서 이러한 정치적 무게가 어떻게 국가를 장악한 엘리트들에 의해 인지(perceived)되고 정책으로 전환되는지를 해명하고자 하였다.

## 3. 주요 경험분석: 한국 사례[6]

한국 사회운동의 노동-시민 연대는 권위주의 시기 민주화 운동을 통해 각 지역 및 산업/직업 위주의 시민사회에서 태동한 각종 시민운동 조직과 노동운동 조직에 기원을 두고 있다. 건강보험통합연대회의를 통해 이루어진 노조와 시민사회의 연대는 정책과 동원역량이 배태성과 응집성의 형성에 얼마나 중요한 요소인지를 잘 드러내는 사례이다. 민주노총 산하 보건의료노조의 전신인 병원노련과 지역의보노조의 활동가들과 의료분야의 전문가 집단들은 1990년대 초반부터 지역시민사회와 결합, 의료보험 통합운동을 전개해 왔다. 의보통합운동은 다른 사회정책과는 달리, 중앙의 관료나 시민사회단체나 정당의 수뇌부에 의해 주도된 것이 아니라 차별적인 의료보험제도로 고통 받는 농민과 지역가입자들, 오랫동안 농민과 빈민사회에 뿌리내려온 종교집단 및 의료 자원봉사를 주도하던 전문가 집단, 마지막으로 지역의보노조가 결합하여 기층으로부터 만들어 낸 운동이다. 이 운동의 요구와 주장은 민주노총의 출범과 함께 병원노련의 주요 활동가들에 의해 사회개혁전략의 주요 의제로 채택되며, 1997 아

6    이 절은 『연대가 실현될 때』의 한국 사례부분(4-6장)의 일부를 요약한 것이다.

시아 금융위기 국면에서 정권교체와 함께 만들어진 노사정 협상테이블에서 노동 측의 가장 중요한 요구 중 하나로 다루어지게 된다.『연대가 실현될 때』는 이들 활동가들과의 인터뷰자료와 조직/소속 네트워크(co-affiliation network) 자료를 통해 건강보험과 국민연금이 시민사회의 주요 조직 간의 연대의 주요의제로 부상하는 과정뿐 아니라 집권당 및 야당과 협상하는 과정, 보편개혁정책 입안에 성공하는 과정, 그리고 마지막으로 이후 시장개혁 압력을 막아내는 (혹은 막아내지 못하는) 과정을 생생히 기술한다. 예를 들면, 〈그림 7.2〉는 1997년 1월부터 12월까지 시민사회의 주요 집회 및 다양한 정치사회의제를 둘러싼 조직결성에 참여한 단체간의 네트워크를 보여준다. 당시 민주노총(중앙)이 진보적 시민단체들(중앙)과 대공장 노조들(오른쪽)을 연결하는 매개자 (mediator) 역할을 하고 있으며, 금속노조와 병원노련 또한 주요한 거간(brokerage)역할을 하고 있음을 보여준다. 당시 의보통합연대를 이끌던 한 노조지도자의 육성은 이러한 네트워크가 어떻게 만들어지고 작동하였는지를 가감 없이 보여준다.

"우린(서울대 김용익 교수와 본인) 수많은 단위노조집회와 집행부 회의를 방문했어요. 현대자동차나 대우중공업 간부회의가 끝날 때까지 기다려서 11시부터 설명회를 가졌지요. 새벽에 끝난 적도 많았어요."

이들은 노동자들이 낸 건강보험료를 사내 혹은 편의적인 방식으로 축적하는 대기업 사용자들의 행태를 비판하고, 통합된 조직에 의한 관리의 필요성과 함께 보다 저렴하게 양질의 의료서비스를 이용할 수 있는 청사진을 노동자들에게 설득하였고, 결국 많은 대기업노조들이 의료보험통합을 단체교섭의 중요한 항목으로 채택하기에 이른다. 이후 노사정 협상에서 건보통합이 합의되고, 한국노총등 반대운동세력의 로비를 막아내며 최종 실행에 이르기까지 건보통합운동의 성공과정은 '시민사회에 깊이 뿌리내린 노조,' '노조-시민사회 네트워크'가 어떻게 보편주의 사회정책을 아래로부터 동원하고(배태성) 정치·정책적 압력을 통해 입법과정까지 주도하는지(응집성) 보여주는 적절한 사례이다.

건보통합의 주요 지도자들은 국가주도의 단일 통합 의료보장체제를 출범시킨 이후에도 '보건의료단체연합'으로 노조와 시민사회 협의와 동원의 기본 틀을 유지하였다. 이들 중 시민사회단체 소속의 일부는 정치권으로 진출하였고, 다른 일부는 건강세상네트워크나 복지국가 소사이어티와 같은 새로운 시민단체들을 출범시키며 자신들이 주조한 복지국가의 기본틀을 방어하고 발전시키는 작업에 헌신한다. 요약하자면, 건강보험통합을 일구어 낸 세력은 새로운 조직적 재편과 의제 설정을 통해 기존의 운동의 성공의 산물 (건강보험)을 후퇴 압력으로부터 방어하고, 더 깊이 제도화시키고 확장시키려는 노력을 배가시켰다.

덕분에 2000년대 중반부터 시작된 노동운동의 갑작스런 후퇴에도 불구하고 보건의료단체연합을 중심으로 한 의료/건강 연대 네트워크의 활동은 시들지 않았다. 〈그림7.3〉은 2000년대 중반에 '건강' 분야 시민단체와 여타분야 시민단체 간 주요의제를 중심으로 이루어진 연합활동을 측정한 동원(mobilization) 네트워크이다. 그림에서 민주노총(중앙)과 참여연대와 같은 시민사회운동의 중심축들은 건강분야에서도 중심적인 역할을 하고 있다. 주목할 부분은 동원네트워크에서 보건의료노조 (KHMU)와 보건의료단체연합(KFMA)의 역할이다. 건강보험통합 운동에서와 마찬가지로 보건의료단체연합과 같은 '건

**〈그림 7.2〉** 한국 시민사회의 동원 네트워크(Mobilization Network) (1997년)

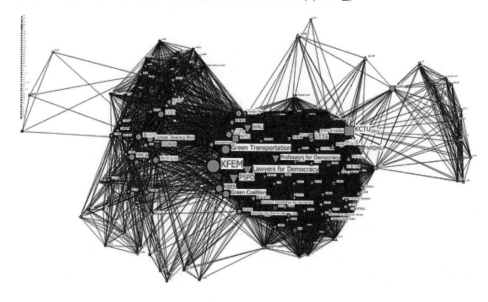

　소시엄'단체가 수행한 자원동원 및 로비를 위한 공동협의체 기능은
2000년대와 그 이후 건강보험을 민영화 압력으로부터 지켜내는데
결정적 역할을 해왔다. 비록 의료/건강 연대 네트워크가 아직은 건강
보험의 커버리지(총 의료비용 대체율) 80%라는 목표를 이루지 못했지
만, 주요 중증질환과 암환자, 유아와 아동, 장애인을 위한 커버리지를
획기적으로 높이는 데 주요한 역할을 하였다. 가장 중요하게는 건강
분야 노조-시민사회 네트워크가 노무현 정권부터 시작되어 두 보수
정권하에 끊임없이 시도되어 온 '영리병원'의 허용을 효과적으로 저
지해 왔다. 이들은 각종 동원과 집회뿐만 아니라 야당과 정부에 통합
운동 이후에 구축해온 인적, 정책적 네트워크를 통해 '영리병원'안이
수면 위로 부상할 때마다 대국민 여론적과 대국회 로비전을 효과적

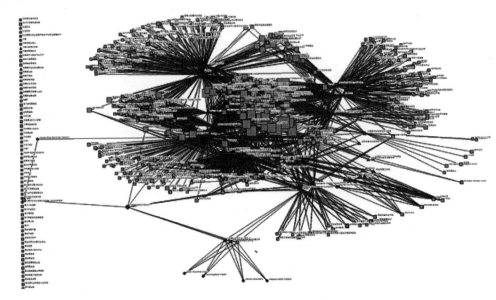

**〈그림 7.3〉** 한국 시민사회의 건강부문(Health Field) 동원 네트워크(Mobilization Network) (2005년)

으로 수행해 왔다.

〈표 7.2〉는 앞서 배태성과 응집성의 변이에 따라 구분한 4가지 이상형(ideal-type) 공간에 노동시장제도, 건강보험, 국민연금 개혁의 확장과 후퇴의 사례들을 정리한 것이다.

이상의 한국의 건강보험과 연금이 확장 혹은 축소되는 과정에 대한 '배태된 응집성 모델'(EC approach)을 통한 분석은 기존의 복지국가 이론에 다음과 같이 기여한다.

첫째, 복지국가 확장과 축소의 정치에서 노동계급 자체(의 조직적 자원)에 주목했던 권력자원론과 달리, 노동계급의 사회적 기초의 '범위'와 '깊이'를 시민사회로 확장시킴으로써 노동계급의 여타계급과의 동맹과 연대에 대해 보다 깊은 이론화와 경험분석의 틀을 제시하였다.

**〈표 7.2〉** 응집성과 배태성의 교차공간에서의 국가와 노동조합의 전략적 행동-후퇴 (축소)와 확장 게임: 한국의 복지 및 노동 정책 사례

| | | 응집성Cohesiveness (노조의 집권당과의 연계) | |
|---|---|---|---|
| | | 약함 | 중간-강함 |
| 배태성 Embedded- ness (노조의 시민 사회에의 연계 Unions' Linkagaes to Larger Associational Field) | 약함 | 제로섬 갈등 게임: <br><br> 확장개혁의 사례: 없음 <br><br> 후퇴 사례: 2005년 비정규직 법안 통과, 2007년 국민연금 소득 대체율 후퇴(60~40%) | 코포라티즘 게임: <br><br> 선택적·이기적 확장개혁의 사례: 한국노총의 건강보험 통합 반대 운동, 두 노총의 자영업자로의 연금자격 확대 반대 |
| | 중간 - 강함 | 노조 우위 게임: <br><br> 확장개혁의 사례: 건보통합운동의 성장기 <br><br> 후퇴 개혁 사례: 1996~1997년 노동법 투쟁(양보 받아냄) <br><br> 2008년, 2013년 이후 영리병원 추진(모두 좌절시킴) | 노조-국가 협의 게임: <br><br> 확장개혁의 사례: 1998~2002년 건보통합 완성 <br><br> 후퇴개혁 사례: 2005년 노무현 정권하 영리법원 계획 입안(정권 내에서 협의과정 속 묻힘) |

이를 통해, '배태된 응집성 모델'은 논쟁의 초점을 '어느 계급이 더 중요한가'에서 '어떤 종류의 연대가 중요한가' 혹은 '어떤 연대가 보다 보편적이고 관대한 복지국가를 건설하는가'로 이동시킨다.

둘째, '배태된 응집성 모델'은 기존의 권력자원론에서 간과한 '노조의 시민사회에의 배태성'을 복지국가를 설명할 새로운 차원의 설명변수로 도입한다. 더 나아가 '배태성'이 어떻게 '응집성'과의 상호작용 속에 복지국가 확장과 축소라는 상이한 결과를 가져오는지를 이론화하였다. 이를 통해, 권력자원론에서는 설명할 수 없는 '배태성 없는 응집성'과 '응집성 없는 배태성'이라는 새로운 변이를 설명변수로 추

가시켰다. 이는 각기 '시장에 저항하는 정치'와 '시장/국가에 포획되는 정치'를 설명할 수 있는 새로운 설명공간(explanatory spaces)를 창출했음을 의미하며, 기존의 좁은 의미의 '사회민주주의적 정치'를 시민사회를 포괄하는 광범위한 연대(encompassing solidarity)의 정치로 확장시키는 작업이기도 하다.

셋째, '배태된 응집성 모델'은 '자본주의의 다양성 모델'(Varieties of Capitalism school)이 설명하지 못하는 최근 민주화된 개발도상국들의 복지국가 발전과 후퇴를 효과적으로 설명한다. '배태된 응집성 모델'은 자본주의 다양성 모델이 노조를 '기술 전문/특성화'(skill specificity)를 위해 국가 시스템 전체를 아우르며 진화한 조율 체계(coordinating system)의 경제적 일부로 파악함으로써 노조가 민주화 과정에서 시민사회 전체와 맺게 되는 '배태성'을 간과했음을 비판한다. 또한, 자본주의 다양성 모델은 서유럽과 앵글로색슨 국가들 간의 제도적 차이를 설명하는 데 유용할지 몰라도 한국과 같이 민주화의 역사가 짧고 세계화에 급격히 노출된 개도국들의 복지국가 출현의 변이를 설명하는 데 있어서는 거의 무용하다. 다시 말해서, '배태된 응집성 모델'은 기존의 권력자원론과 자본주의 다양성 모델이 설명하지 못하는 국가-노조/노동계급간의 상호작용의 다양한 결과들을 시민사회와 노조의 '역사적 관계'에 주목함으로써 보다 효과적으로 설명해 낸다.

마지막으로, '배태된 응집성 모델'은 국가중심론과 권력자원론의 경쟁패러다임을 효과적으로 요약하며 재정의한다. 이 모델에서 국가중심론은 우상단의 '배태성 없는 응집성'의 공간에, 권력자원론은 '배태된 응집성'의 공간에 배치된다. 다시 말해서, 국가중심론적 복지국가 확장론은 시민사회가 발달하지 않았거나 공식부문조직들이 시민사회에서 유리되어 국가나 집권당에 포획되었을 경우, 공식부문조직의 리더들과 전문관료들이 결탁하여 추진하는 급진 시장주의 개혁 혹은 선택적 개혁(selective reform)의 형태로 나타나게 된다. 이에 반해, 권력자원론은 공식부문의 조직들 간 – 노조와 좌파정당 – 긴밀한 연계가 보편적 복지국가를 추진한다는 주장인데, '배태된 응집성' 모델은 이 연계(응집성)가 보편주의의 기반이 아니라 노조의 시민사회와의 긴밀한 연계(배태성)가 진정한 보편주의의 기반이라 본다. 권력자원론은 배태성이 자본주의와 민주주의의 오랜 발전 속에 점진적으로 제도화하여 응집성으로 '굳어진' 선진자본주의 사회의 '전후'(post-war) 권력의 배열을 기반으로 탄생한 이론이라면, 국가중심론은 배태성이 약한 사회에서 공식부문조직의 엘리트들이 시민사회를 소외시키며 위로부터의 조합주의적 동원(corporatistic mobilization from above)을 통해 복지국가를 제도화한 사회들을 기반으로 탄생한 이론이다. '배태된 응집성 모델'은 두 이론의 차이가 국가/체계 부문이 시민사회와 어떤 관계를 맺고 있는가로 귀결됨을 보여준다.


## 4. 다중격차 시대의 노동-시민 연대

『연대가 실현될 때』는 노동조합과 시민사회조직들이 역사적으로 발전시켜온 '연대'의 범위, 구조, 그리고 성격이 복지국가의 특정 사회정책(의료보험과 연금)의 성패와 성격을 결정짓게 되는 과정을 분석했다. 이러한 노동-시민 연대의 기원은 신생민주주의 국가들의 경우에

권위주의정권 시대의 민중주의적 혹은 시민사회적 연대로 소급한다는 점에서 일정 정도 '경로의존적'(path-dependent)이지만, 그 범위와 내용은 세계화와 점증하는 불평등, 경제위기, 이민, 인구구조 변화와 새로운 세대의 출현과 같이 시민사회의 저변을 변화시키는 구조적 변동에 영향을 받지 않을 수 없다. 세계화와 기술의 변동은 사회세력 간 이해관계를 계속해서 변화시킬 뿐 아니라, 노동조합과 시민단체의 기층과의 관계에도 영향을 미친다.

1990년대 후반부터 가속화된 세계화와 불평등의 증대, '다중격차'의 출현은 노동-시민 연대의 범위와 주체 또한 바꾸어 놓았다. 먼저 노동운동의 주력군이었던 한국의 대기업 노조들은 두 차례의 금융위기를 거치며 민주화에 기반한 '하층' 연대에서 이탈, 세계화에 기반한 '상층' 연대로 연대의 대상을 바꾸었다.[7] 대기업 노조들은 90년대 후반까지 민주노총과 산별노조를 건설하며 노동운동의 중심세력으로 기능하였지만, 2000년대 중반을 기점으로 노동-시민 연대 및 노동내부의 연대에서 모두 이탈하였다.

불평등의 증대와 다중격차의 출현은 기존의 노동-시민 연대의 주요 의제와 다양한 그룹이 민주화 운동과 시민사회 및 정당 건설을 통해 일구어온 신뢰의 구조와 제도를 파편화, 해체시켰다. 우선, 세계화를 통해 성장의 과실을 공유할 수 있는 여지가 커진 대기업 정규직 노동자들과 여타 비정규직과 하청기업노동자들, 중소기업 노동자들과의 임금 격차가 극적으로 벌어지면서, 노동 연대의 기본틀이 허물어

---

7 여기서 다중격차는 불평등이 자산, 교육, 소득, 성, 노동시장 지위 등의 다양한 수준과 차원의 사회적 계급과 지위로부터 유래하여 상호 착종하고, 접합 및 강화되어 가는 '구조화'와 '심화'의 과정을 드러내기 위해 본 연구팀이 창안한 개념이다.

지기 시작하였다. 정리해고제의 도입은 대기업 정규직 노조를 기업 내 '이익의 정치'로 후퇴할 구실을 제공하였고, 파견제 도입과 비정규직 및 사내하청의 확산은 대기업 정규직의 안전장치로 작동하며 자본으로 하여금 계급 간 동맹(cross-class alliance)을 통한 '분할지배'(divide-and-rule)를 가능케 하였다. 97-8년 금융위기 중에 이뤄진 노사정 대타협과 세계화로 시작된 인과 경로는 연대로부터 대기업 노조의 이탈, 민주노총(중앙)의 리더십 후퇴와 보편주의적 사회개혁 의제의 후퇴로 종결된다.

하지만 불평등의 증대와 다중격차의 출현이 새로운 노동-시민 연대의 맹아와 운동 또한 출현시켰다. 2000년대를 거치면서, 동원과 의제 설정에 있어 민주노총의 중심적 역할은 이전보다 축소되었지만, 다양한 소수자 운동의 센터들이 출현하였다. 특히 필자는 비정규직과 청년실업, 이주노동 문제를 중심으로 새로운 사회운동 단체들이 기존 노동-시민 연대의 쇠퇴 와중에 출현하였음에 주목한다. 필자는 이 새로운 노동-시민 연대의 출현이 우연이 아닌, 앞서 기술한 기존 노동운동의 쇠퇴를 야기한 요인들에 의해 생긴 새로운 모순과 부정의(injustice)때문이라 본다.

알바노조, 청년유니언, 비정규직철폐연대, 희망연대노조, 민중의 집, 노동자 생활협동조합 등의 운동과 조직들은 기존의 중앙집중형 노동운동과 차별되는 이슈 중심, 소수자 중심, 기층지역에 거점을 두고 조직화되는 새로운 형태의 노동운동이다. 이들은 시민사회단체 및 정당, 기존 노조와의 네트워킹과 지역활동가들과의 연대를 통해 기존 정규직 중심 노조로 포괄되지 않는 아웃사이더와 사각지대 노동과 인권에 주목한다. 『연대가 실현될 때』에서 필자가 인터뷰한 많은 노동-시민 운동가들은 민주노총과 참여연대로 대표되는 기존 중앙집중형 백화점식 노동-시민운동과 차별되는 지역과 시민의 생활에 뿌리내린 이슈들을 통해 생활밀착적인 노동운동을 발굴하고 실천하고 있었다. 필자가 브라질 노동운동가들로부터 처음 들었던 '시민의 노조'(citizens' unions), 다시 말해서 시민사회에 뿌리내린 노조(embedded unions) 혹은 노동운동 조직(embedded labor organizations)이 한국에서도 출현하고 있는 것이다.

　다중격차 시대의 노동-시민연대는 필자가『연대가 실현될 때』에서 제기한 두 개념, 응집성과 배태성의 심화를 통해 조직적 혁신과 재구조화를 이루어 낼 것이다. 응집성은 현대 자본주의의 국민국가 체계 내에서 노동-시민연대가 놓칠 수 없는 혹은 놓치지 말아야 할 수직적 축이다. 정당 및 국가와의 연대, 협의, 교섭을 통한 정치는 한국과 같이 중앙집권화된 강력한 국가에 의해 시민사회의 권력지형과 제도가 수시로 재편되는 사회에서 그 중요성은 아무리 강조해도 지나치지 않다. 노동조합은 양날개론으로 그간 구축한 산별노조 체계를 통해 정치정당과의 협의 및 교섭력을 극대화하며, 동시에 심화되고 있는 자산, 소득, 근속 (안정성), 교육의 불평등 문제를 지역과 중앙에서 이슈화하고 완화시킬 수 있는 정책 대안 마련 및 추진의 주체가 됨으로써 '정치력과 정책능력을 가진 노조'로 거듭나야 할 것이다. 하지만 이러한 '응집성의 정치'만으로는 보편적 복지국가 프로젝트는 난망하다는 것이『연대가 실현될 때』의 주요 주장이다. 이러한 응집성이 시민사회에 깊이 뿌리내리고, 그 촉수를 통해 시민사회의 구조적 변화로부터 출현하는 '새로운 모순과 부정의'에 민감하게 반응해야 '응집성'이 '국가와 집권세력에 의한 포획(co-optation)' 혹은 '계급간 동맹'

(cross-class alliance)으로 전환되지 않는다. 세계화, 불평등, 다중격차 시대의 '배태성의 정치'는 세계화와 금융위기를 통해 새로이 출현하는 노동시장의 외부자들과 내부자이되 그 위치가 불안정한 '추락의 위기에 놓여있는 광범위한 중산층' 간의 동맹을 만들어 낼 수 있는지에 달려 있다. 이는 경계에 선 내부자들이 소수를 위한 더 높은 성벽을 치려는 유혹을 떨쳐내고, 성밖의 외부자들과 보편주의적 연대를 구축할 수 있는 길을 터는 작업일 것이다. 또한 이는 내부자들이 협소한 직계가족 내부에서 경제적·지적·문화적 자원을 상속과 교육을 통해 이전함으로써 각자 도생의 길로 가는 길과, 자신들의 자손들이 보다 평등한 사회권을 향유하며 공평한 분배정의가 실현되는 공동체를 건설하는 길 사이에서 후자의 가능성을 집단적으로 자각하는 과정이 될 것이다.

2000년대 이후 한국사회에서 기존의 민주화 시대에 스스로를 희생하며 학생과 지식인들이 70-80년대 기층에서부터 하방운동(going-underground activities)을 통해 일군 노동-시민 사회의 동력, 즉 민주화 시대의 배태성(embeddedness)은 거의 소진이 되었다 해도 과언이 아니다. 다시 말해서 현 노동-시민 운동의 위기는 응집성의 위기가 아닌 배태성의 위기라 할 수 있다. 이는 세계화와 신자유주의가 '악마의 맷돌'처럼 시민사회의 기초를 허물고 있는 동안 주류 노동운동과 시민운동이 '중앙정치'에 매몰되어 온 탓이 크지만, 궁극적으로는 세계화와 함께 끊임없이 새로운 제도와 운동을 통해 스스로를 혁신하는 자본의 운동과 논리에 노동-시민운동이 제대로 대처하지 못한 탓이 더 크다. 비정규직, 청년실업, 노인빈곤, 저출산 문제가 10여년만에 한국사회의 최대 이슈들로 부각되었지만, 주류 노동-시민운동이 이 문제들에 기울인 노력은 제한적이다. 새로이 출현하는 '배태성의 정치'는 급증하는 불평등과 격차의 희생자들을 방어하고 그들이 '시민의 사회 권리'를 회복하는 길을 터주는 정치, 그 정치가 소외된 외부자에 대한 '자선'이 아니라, 다수 시민의 미래를 위한 '보험' 임을 집단적으로 깨닫는 정치일 것이다.

# 8장

# 국가모델: 사회책임국가를 향하여

## 1. 다중격차와 국가의 재구성

지금까지 한국의 불평등 구조의 다차원성-소득, 자산, 교육-이 '다중격차'라는 사회적 균열로 '응축'되는 구조화과정에 대해 살펴보았다. 다중격차가 구조화될 수 있었던 데는 무엇보다 정치, 특히 국가의 분배와 재분배정치가 제대로 작동하지 않았던 탓이 크다. 국가주도의 성장지배연합을 구축하고 불평등을 성장동력으로 삼았던 '발전국가'는 압축성장과 동시에 압축주조된 다차원적 불평등구조를 만들었고, 87년 민주화를 통해 전개된 정치적 민주화 속에서 정치와 국가는 이전의 불평등구조를 해체하거나 완화하기보다는 자본의 자유화를 동시에 진행함으로써, 이른바 '신자유주의 국가체제'라는 자본친화적 국가에서 탈각하지 못했다. 이러한 측면에서 보면, 97년 경제위기와

위기 이후의 신자유주의체제는 세계적인 경제환경, 즉 외부의 충격에 의한 경제구조의 변화만이 아니라 역사적으로 발전국가의 유제에서 국가주도성이 탈각—자본에 대한 규율의 약화와 무분별한 자본의 확장—한 상태로의 '변이'였다고 볼 수 있다. 이는 금융화와 세계화, 그리고 규제철폐와 공공재의 사유화를 핵심으로 하는 영미식 신자유주의의 영향력을 평가절하하는 것이 아니라, 그 만큼 신자유주의에 대응하는 국내정치와 국가차원의 전략이 중요하다는 점을 강조하기 위한 것이다.

정치의 중요성은 그 국가를 구성하고 있는 정당정치의 성격과 접목(버먼 2010)될 뿐만 아니라, 자본주의 다양성 이론의 측면에서 볼 때도 어떤 복지국가인가의 문제(the colour of welfare state)는 집권당이나 집권연합이 시장자본주의와 사회정책에 어떤 태도와 정책을 가지고 있느냐와 밀접한 관련을 가지고 있다(Kitschelt et al. 1999). 이러한 복지국가의 역사적이고 정치적 구성을 바탕으로 우리가 앞으로 어떤 복지국가를 구성하느냐의 전략적 문제가 다중격차 문제의 해결을 위한 핵심적인 과제로 도출된다. 즉 공정한 분배, 복합적인 불평등을 교정하는 국가전략으로서의 국가모델이 필수적으로 요구되는데, 이것이 다중격차에 대응하는 정치구조, 즉 국가모델과 사회경제패러다임의 전환을 제기하는 이유다. 우리는 다중격차를 구성하는 다양한 요소 간 연결고리로 구성된 한국사회의 불평등 구조를 바꾸고 공동체의 균등한 성장과 (재)분배와 함께 선분배-사회적 자산으로서의 기회비용의 분배와 보편적 사회서비스체제의 구축-를 실현함으로써 지속가능한 복지국가를 구현하는 '사회책임국가(Social Responsibility State)'를 주장한다.

## 2. 발전국가에서 신자유주의국가로, 그 다음은?

1970년대와 80년대의 고도성장과 소득증대를 이끌었다고 평가되는 발전국가(developmental state)란 '부국강병'의 목표로 시장경제 질서를 유지하면서, 국가가 선도기구(pilot agency)를 통해 시장과 기업에 대해 장기적이고 전략적인 개입하는 정치경제체제를 의미한다. 특히 일본, 한국, 대만과 같은 동아시아 후후발 산업화국가들(late-late industrializing states)이 세계적인 국가경쟁에 대항하여 정치, 관료, 자본의 연결망을 구조화(Woo-Cumings 1999, 1)했다는 점에서 민족주의(혹은 그 변형으로서의 반공주의)와도 크게 공명한다. 한국의 발전국가는 경제성장을 위한 국가의 강력한 시장개입과 자본세력과 함께 강력한 반공지배연합을 구축하면서 반공과 경제성장을 분리될 수 없는 하나의 목표로 제시했다. 이러한 과정에서 서구의 선진자본주의국가와 같이 경제성장과 사회보장을 발전의 두 축으로 상정한 것이 아니라, 경제성장을 통한 부의 획득(부의 분배가 아니라)과 반공국가의 수립을 위해서 개개인에 대한 사회보장은 유보될 수 있다는 점이 강조되었다. 또한 본격적인 경제개발계획의 추진과 함께 독일의 비스마르크형 사회보험체제의 수립에 나선 것도 산업화에 조응하는 복지체제, 즉 선성장 후분배, 경제발전에 기여하는 복지제도의 선택, 경제발전에 종속되어 복지정책과 노동정책 수립되는 발전주의 복지체제 형성의 주요한 정치적 동기로 작동했다.

발전국가에 하위영역을 형성하는 기능적 복지체제로서의 발전주의 복지체제(developmental welfare system)는 1980년대 본격적인 상품과 금융의 대외개방정책의 추진과 더불어 발전국가의 수명이 다했음에도 불구하고 여전히 그 기본틀을 유지하면서 양적인 확대를 점진적으로 진행해왔다. 또한 사회보험제도가 갖는 제한적인 소득재분배 기능과 소득재분배의 핵심적인 역할을 하는 조세제도는 사회경제적 불평등을 교정하는데 매우 취약한 구조를 가지고 있으며, 이는 현재의 다중격차를 중심으로 한 불평등의 복합적 구조와 오히려 친화성을 가지고 있다.

앞서 2~4장에서 살펴보았듯이 1997년 경제위기는 현재의 다중격차가 구조화되고, 여기에 정규직 대 비정규직이라는 노동시장의 이중화가 구축되는 결정적인 국면으로 작동했다. 하지만 이에 대한 국가의 대응은 사후적이었고, 주변적이었다.

2008년 세계경제위기 이후, 세계적으로 신자유주의 종식 혹은 재편을 예고하는 다양한 견해가 존재하지만, 우리는 고성장 시대의 발전과 재분배전략의 근본적인 수정을 가하는 "정상의 종말"(the end of normal), 즉 고성장 시대의 마감이라는 측면에 주목한다.[1]

역사적으로 신자유주의 국가는 복지국가의 재정위기와 이를 바탕으로 한 복지국가의 축소 및 고전적 자유경제체제로의 회귀를 주도했던 신보수주의의 집권을 통해 등장했다. 이러한 경향은 전후 자본주의 황금기를 거치면서 특정한 정치세력의 경제 및 사회정책의 전환과 직접적인 연관을 가지고 있지만, 전후 민주적 자본주의체제의 정당성 위기가 막대한 금융자본의 공세와 국가 및 가계부채에 기

---

[1]    갤브레이스가 강조했듯이 2009년 대공황(Great Depression)에서 미국을 구한 것은 민간경제의 복원능력(resilience)나 은행부문(banking sector)이 복구되었기 때문이 아니라, 뉴딜로부터 이어져 온 큰 정부의 유산이었다는 점을 상기할 필요가 있다. 사적경제에서 가계소득의 상실을 보존해주는 것은 국가의 프로그램이기 때문이다(Galbraith 2014, 186-187).

반 한 이른바 부채국가(Debt State)와 재정건전화 국가(Consolidation State) 혹은 긴축국가(Austerity State)로 이어지면서 자본주의가 민주주의를 압도하는 지연된 자본주의의 위기로 분석되기도 한다(슈트렉 2015). 부채국가의 재정관리 측면을 강조하는 재정건전화 국가는 경제정책과 사회정책 사이에서, 그리고 누진적인 조세체계에 기초해서 평등주의를 지향했던 전통적인 복지국가(조세국가)의 자율성이 금융자본의 자유화와 글로벌화에 의해 포획된 국가다.

한국 역시 "권력은 이미 시장으로 넘어갔다"는 '민주정부'의 고백과 민주정부와 보수정부 간 복지에 대한 합의점이었던 "생산적 복지"에서 상징적으로 드러나듯이 복지와 노동체제는 시장체제의 하위체제로 기능한 지 오래다. 한국은 케인스 복지국가의 기본틀을 갖춘 서구 복지국가가 축소와 재편의 갈등에 처한 상황과 달리, 복지체제 형성 과정에서 시장체제를 교정하거나 방어하기보다는 이에 순응하거나 최소한의 기능적 체제가 만들어지는 데 그쳤다는 점에서 문제의 심각성이 있다.

역사적으로 국가의 사회적 책임은 국가마다 차이는 있지만 복지국가가 제공하는 다양한 사회보장제도를 통해 구현되고 구축되었다. 이는 신자유주의 국가화가 세계적인 현상이기는 하지만 동일한 영향력을 행사하는 것이 아니라, 각 국가의 사회정책과 복지제도에 따라 다양하게 변형되어 수용된다는 점을 드러낸다.

## 3. 국가의 사회적 책임

책임(responsibility)이란 주어진 의무에 대한 마땅한 '대응'을 말하는 것이다. 이러한 의미에서 전통적인 '복지국가'는 시민의 권리-개인과 가족의 사회적 위험을 예방하고 최선의 삶을 보장-에 대한 국가권력의 의도된 행동이라고 할 수 있다. 시민에 대한 국가의 복지의무와 책임에 대한 내용은 서구 복지국가의 아사 브릭스의 다음과 같은 정의에서 잘 이해할 수 있다.

> '복지국가'는 조직화된 권력이 (정치와 행정을 통해서) 심사숙고하여 최소한 세 가지 방향으로 시장권력의 행사를 변형시키도록 노력하는 국가이다. 첫째, 재산의 시장가치와 상관없이 개인과 가족의 최소소득을 보장, 둘째, 개인과 가족을 위기로 이끌어 특정한 '사회적인 불의의 사고'(예컨대 질병, 노령과 실업)를 당할 수 있는 불안전한 상황을 최소화, 셋째, 모든 시민이 지위의 차별 혹은 계급에 의해 차별당하지 않고 사회서비스의 특정한 동의 영역과 관련하여 이용할 수 있는 최선의 도덕적 규범(standards) 제공을 보장한다(Briggs 1961, 228).

철학과 사회과학에서 구조적이고 사회적 수준의 책임에 대한 강조가 개별인자로서의 개인으로 옮겨진 것은 1980년대 이른바 레이건의 "보수주의 혁명"과 깊은 연관을 가지고 있다. 이러한 개인의 책임에 대한 강조는 복지국가의 개혁(축소)으로 이어졌으며, 이는 미국의 민주당뿐만 아니라, 유럽의 이른바 "제3의 길"을 표방한 중도좌파까지 중도층을 공략하기 위한 하나의 슬로건으로 수용하게 되었다. 복지국가의 축소는 시민에 대한 국가공동체의 책임, 즉 의무로서의 책임(responsibility as duty)[2]에서 개인의 선택에 따른 최종적인 책임이 바로 그 자신에게 있다는 공유될 수 없는 책임(responsibility as accountability)으로 개념이 전환되었음을 의미한다(Mounk 2017). 요컨대 국가의 사회적 책임을 소거하는 것이 바로 신자유주의체제 국가역할의 특징인데, 이는 국가의 자원분배기능과 개인의 역량을 발휘할 수 있는 제도적 기반 구축의무를 포기하는 것으로 결국 사회경제적 양극화와 불평등의 심화로 귀결될 수밖에 없다. 신보수주의는 이러한 불평등을 불가피한 것으로, 적극적으로는 성장의 동력으로 사고하기까지 한다. 이러한 측면에서 1990년대 후반 '제3의 길'도 마찬가지로 개인의 책임을 강조했으며, 이는 사회투자국가의 원칙 중 하나로 이어졌다. 사회책임국가는 국가의 가장 중요한 책임이 모든 시민이 인간답게 살아갈 수 있는 사회 만들기에 있다는 것을 일반명제로 인식하고, 그 책임을 실현하기 위한 세부과제를 시대적 변화에 따라 끊임없이 재구성해 나가는 국가를 말한다. 세부과제는 시공간에 따라 달라지겠지만 현재로서는 소거되었던 국가의 책임을 식별해내는 것에서 다시 출발해야 할 것이다.

국가와 개인의 상호작용으로의 책임은 국가의 역량과 시민의 역량이 동시에 성장할 수 있는 가능성과 힘을 부여한다. 그런데 한 사람의 역량은 고정된 개인의 특성과 분할 가능한 자원뿐 아니라 그의 상호적 특성, 사회관계와 규범, 기회구조, 공공재, 공공장소 등의 함수다

---

**2**  여기서 국가의 책임을 일컫는 responsibility는 시민과 시민사회의 관계를 통해 구현되는 관계적 의미에서의 책임인 반면, accountability는 공유의 의미가 소거된 채 행동의 결과에 대해 부과된 책임을 말한다.

(Anderson 1999; 영 2013, 75). 이러한 측면에서 개인의 역량은 평등과 공정에 관한 그 사회의 지향과 사회관계에 따른 것으로 개인의 자질에 초점을 맞춰 분배정의와 복지정의를 판단하면 결국 복지는 공동체나 국가가 베푸는 시혜의 범주를 벗어날 수 없다.

복지체제의 측면에서 뿐만 아니라, 경제제도와 정치제도 역시 사회책임국가에서는 재편이 요구된다. 바로 포용적 경제제도와 정치제도가 그것이다. 포용적 경제제도(inclusive economic institutions)란 더 많은 일반대중이 경제활동에 참여해 자신의 재능과 역량을 충분히 발휘하며 개개인이 원하는 바를 선택할 수 있는 경제제도이며, 포용적 정치제도란 다양성과 조직의 다원성을 중심으로 자유로운 정치활동을 보장하는 다원주의 정치제도의 심화를 말한다.


## 4. 사회책임국가의 원리

앞서 설명했듯이 사회책임국가는 자본주의의 고유한 속성인 시장의 불평등을 제어하고 공정한 작동을 견인하는 '민주적 자본주의 체제'의 정치적 표현이라고 할 수 있다. 이는 "시장에 반하는 국가" (Esping-Andersen 1986)로 정의되기도 했던 북유럽사회민주주의의 특정한 복지국가를 연상시키기도 하지만, 사실 1930년대 이후 민주적 자본주의를 통한 복지국가 형성을 위한 사회적 타협의 결과물이기도 했다. 다중격차와 이로부터 파생하는 불안정노동의 저변화, 그리고 이른바 세습자본주의의 디스토피아가 이미 진행중인 현재 글로벌 신자유주의 경향속에서 국가의 사회적 책임을 국가역할의 핵심으로 놓는 국가비전의 제시는 정치의 역할에 대한 기초이자 궁극적인 이해이기도 하다. 이러한 인식을 바탕으로 사회책임국가의 원리를 정리하면 다음과 같다.

### 1) 사회의 반영으로서의 국가, 사회의 조직자로서의 국가

국가는 사회와 동떨어져 존재할 수 없다. 사회는 다양한 주체들이 어울어지는 하나의 장(field)로서, 국가의 존재근거가 된다. 그리고 시민사회를 구성하는 다양한 주체의 참여는 국가에 대한 반정립으로서의 사회연대가 아니라 적극적 국가를 견인하는 사회연대를 통해 이루어진다. 이러한 의미에서 사회책임국가에서 시민이란 시민의 삶을 지탱하는 국가와 국가의 정책결정에 개입하고 참여하는 시민을 말하며, 국가는 정치제도를 통해 이러한 시민들의 참여를 보장하면서 사회와 상호작용한다.

### 2) 사회책임국가에서 책임의 실현

사회책임국가는 제도와 정책, 예컨대 보편적 사회서비스와 공공부조를 중심으로 하는 기존의 사회정책을 확장하고, 임금노동을 통해 획득하는 소득의 불평등을 넘어 자산을 통해 더욱 그 격차가 벌어지고 있는 불평등구조를 해소할 수 있는 다양한 사회정책을 추진한다. 예를 들어 모든 시민에게 생애주기와 특성에 따라 조건없이 제공되는 보편적 사회서비스와 기존 재분배정책을 넘어서 선행적 분배를 통한 사회적 자산의 공유를 실현한다. 이는 분배의 재설계(Chwaritz and Diamond eds. 2015)라고 할 수 있는데, 기업의 경우 주주배당의 제한과 기업이윤에 대한 사회적(혹은 지역) 공유 확대, 사회적 협치의 주체로서 노조의 경영참여, 그리고 사회진출 단계에 접어든 젊은 세대를 위한 사회적 상속(social inheritance)의 제도화가 국가의 사회적 책임의 영역에 포함된다.

### 3) 사회책임국가와 민주주의: 책임민주주의

국가는 기본적으로 정치공동체이다. 정치공동체에서 구성원의 권리행사는 주로 정치적 평등권인 참정권을 중심으로 논의되었다. 하지만, 정치적 민주화가 시장과 자본에 대한 책임성과 민주성을 담보하는 필요조건은 될 수 있지만, 충분조건은 될 수 없다. 왜냐하면 정치적 민주화 만큼 시장의 민주화도 민주주의가 하나의 체제적 의미에서 온전하게 작동할 수 있는 중요한 민주화의 영역이기 때문이다(고세훈 2007, 293). 이러한 의미에서 사회책임국가에서 실현하고자 하는 민주주의는 다수의 '지배'로서의 민주주의를 넘어, 사회를 구성하는 폭넓은 이해관계자, 즉 공정한 시장규칙을 관리하고, 기업과 노동, 정부가 책임과 권리를 공유하는 방식을 체계화함으로써, 실질적인 민주주의가 작동하도록 제도적 기반을 구축하는 이해관계자 민주주의(stakeholder democracy)이다. 이와 함께 국가는 시민의 사회권을 폭넓게 보장하는 제도의 공급자라는 측면에서 책임민주주의로도 표현할 수 있다.

**〈그림 8.1〉** 사회책임국가의 작동 메커니즘

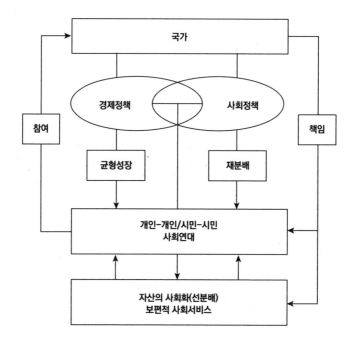

## 5. 사회책임국가의 사회경제정책 방향

### 1) 사회경제정책의 대상으로서 다중격차의 특징

불평등 해소는 국가의 중대한 정치적·사회적 책임이지만 현재 우리가 직면하고 있는 불평등의 복합구조, 즉 다중격차의 다음과 같은 특성 때문에 전통적인 사회경제정책으로는 근본적인 한계를 가질 수밖에 없다.

첫째, 다중격차의 발생요인이 다층적이고 중층적으로 분포되어 있다. 불평등 확대의 요인으로 지목되는 구조적 문제점이 모두 직간접적으로 다중격차를 낳는 요인들이다. 저성장의 장기화, 성장과 분배의 선순환 고리 파괴, 대기업으로의 경제력 집중, 사회이동의 징검다리가 되지 못하는 교육, 노동시장의 양극화 및 이중화, 기업별 노사관계 체제, 재분배 효과가 미미한 복지제도, 정치적 합의도출이 부재한 정치구조 등이 모두 다중격차 심화의 원인으로 작동하고 있다. 이렇게 다중격차의 원인들이 산재되어 있기 때문에, 전통적인 정책적 접근의 타당성과 실효성을 재고할 필요가 있다. 복잡성 경제학의 정책연구에 따르면 정책 프레임은 표준(standard) 정책 프레임과 복합성(complexity) 정책 프레임으로 나뉘는데, 전통적인 표준 정책 프레임은 복잡해지는 현실세계를 반영하지 못한다(Coland & Kupers 2014). 정책이 단선적(linear), 요소환원적인 논리에 입각할 때 다중격차에 효과적으로 대처하기 어려울 것이라는 점이다.

둘째, 다중격차의 해소를 목표로 특정영역의 정책을 추진한다고 하더라도 그 정책의 성패를 판단하기는 사실 쉽지 않다. 정책을 통해 달성하고자 하는 바람직한 상태를 정책목표라고 할 때 다중격차의 발현과 작동하는 메커니즘의 특성상, 명료한 정책의 목표를 설정하기 어렵게 만든다. 또한 정책의 성공과 실패는 어느 한 분야의 지표 개선으로 온전히 측정되지는 않는다. 예를 들어 지니계수가 낮아졌다면 소득 불평등이 완화되었다고 판단할 수 있으나 다중격차가 약해진 것으로 보기는 어렵다. 다중격차를 야기하는 한 가지 원인인 소득불평등의 완화는 오히려 다중격차의 저변화 및 구조화와 양립할 수도 있다. 즉 다중격차 구조의 응집력이 강고해지는 가운데 소득분배만 유독 개선되는 상황도 배제하기 어렵다. 사실, 정책은 성공과 실패를 명확하게 판단하기 어렵고 대부분의 경우 회색지대로 남아 있는 경향이 있다(McConnell 2010). 다중격차는 바로 이런 판단의 중간 지대에 놓일 가능성이 농후하다. 요컨대 정책 목표와 성패를 판단하는 명확한 기준을 세우기 어렵기 때문에 문제는 해결되지 않았지만, 마치 해결된 것으로 보이는 착시현상에 빠질 수 있다. 나아가 어느 특정 지표의 개선으로 보다 평등한 사회가 되었다고 호도함으로써 불평등 문제를 축소 혹은 은폐하기 매우 적절하다. 다중격차에 대응하는 정책은 전투에서는 이기는데도 전쟁에서는 지는 상황이 연출되기 쉽다.

셋째, 다중격차는 범영역 이슈(cross-cutting issue)다. 정책의 대상으로서 다중격차는 어느 한 영역에 국한되지 않고 여러 영역에 두루 걸쳐 있어 다중격차에 관련된 정책지도를 그려보면 매우 복잡하다. 경제정책 차원에서는 재벌정책, 공정거래 정책, 중소기업 육성정책, 통화정책, 나아가 금융정책과 조세정책도 다중격차에 대응하는 정책 분야가 된다. 교육정책에서도 입시정책과 사교육정책 모두 다중격차에 대응하는 주요 정책이다. 노동정책에서는 고용정책, 노동시장정책, 임금정책, 노사관계 정책이 포함된다. 복지정책에서는 현금급여를 중심으로 한 재분배 정책은 물론 사회서비스 정책도 다중격차에 대응하는 정책이 될 수 있다. 오지랖이 넓은 다중격차에 대응하는 정책영역도 광대하고 관련 부처도 많아 정책대상으로서 다중격차는 공동 표적(joint target)이다. 이런 점에서 다중격차 정책이 따로 있는 것은 아니고, 여러 정책에 '걸쳐' 있어 어느 한 정책영역이 지배적일 수도 없을 뿐더러 다중격차 정책에서 벗어나는 사회경제정책도 상상하기 어렵다. 하나의 정책대상이 여러 정책영역이 겹치는 현상을 "정책중첩"(Policy-Verflechtung)이라고 한다(Héritier 1993, 13). 다중격차가 범영역 이슈이며 공동표적이라는 점은 관련된 정책단위를 결집시켜 이들 사이의 공조를 강화해야할 필요성을 제기하는 한편, 결과에 대한 책임소재를 명확히 규정하기 어렵게 만들고 개별부처의 입장에서는 비난회피와 책임 떠넘기기의 논리가 작동하기 쉽게 만든다.

### 2) 사회책임국가에서 사회경제정책의 요소들

이와 같은 다중격차의 복합적 성격 때문에 불평등 해소라는 사회적 책임을 엄중하게 인식하는 국가의 사회경제정책은 다음과 같은 방향을 설정해야 할 것으로 생각된다. 첫째, 다중격차에 대한 문제 인식이 대단히 중요하다. 정책대상으로서 다중격차를 심각하게 받아들이는 것이 정책접근의 시발점이라는 것은 당연한 말이지만, 특히 풀기 어려운 문제(난제)일수록, 이에 대한 인식의 공유가 매우 중요하다(Conklin 2006). 앞서 설명했듯이 다중격차에 영향을 주는 원인들은 다양한 분야에 흩어져 있기 때문에 정책 성패를 판단하기도, 책임소재도 불분명한 경우가 많다. 그러므로 문제의 정의가 중요한데, 핵심 문제를 정의하고 도출하는 과정속에서 해결책이 드러날 수 있기 때문에 관련 부처 모두 다중격차의 배경과 이로부터 발생하는 불평등의 상황인식을 공유하는 것이 우선적으로 요구된다.

정책결정자들 간 인식 공유가 필요한 또 다른 이유는 다중격차의 복잡성 때문이다. 정책결정자는 단순화의 위험을 무릅쓰고 비구조화된 문제를 구조화된 문제로 파악하려는 성향이 있다(Hisschemöller and Hoppe 1995, 50). 어느 인류학자의 연구에 따르면, 국가기획을 디자인할 때 현장 지식, 다차원적 관점들, 복잡한 연관관계를 보지 못하고 단일한 분석적 사고에 얽매이면 정책이 실패할 가능성이 높다고 한다(Scott 1998[2010]). 근본 원인 혹은 주요 원인을 찾아내 그 원인을 제거하는 방식의 공공정책은 통상 이러한 단순한 인과관계를 내포하고 있으며, 효과를 거두는 경우도 적지 않을 것이다. 그러나 다중격차에 대한 단선적, 요소환원적 접근은 효과가 있을 것이라고 기대하기 어렵다. 왜냐하면, 다중격차는 그것을 일으킨 원인의 속성으로 온전히 설명되지 않는 환원불가능성을 띠기 때문이다(황규성 2016).

둘째, 정책수단의 선택과 집중이 요구된다. 이 역시 새로운 제안은 아니지만, 다중격차가 여러 영역에 중첩된 불평등이라는 성격 때문에 선택과 집중은 매우 중요하다. 우리는 흔히 "관계부처합동"이나 "종합대책"이라는 이름으로 개별 수단을 한 데 묶은 백화점식 정책 모둠이 실효성이 떨어지는 경우를 수없이 지켜보아 왔다. 개별 정책수단 사이의 정합성이나 파급효과에 관한 우선순위를 설정하지 않는다면, 정책효과를 거두기 힘들다. 다중격차에 대응하는 정책이야말로 개별 정책을 망라한 백화점식 접근보다는 불평등 완화의 수직적, 수평적 효과가 가장 클 것으로 예상되는 정책영역을 선별하고 정책자원을 집중해야하는 영역이다.

인체에는 12가지 경락이 있다고 한다. 잔병치레가 잦은 체질에는 그때그때 처방하는 약보다는 몸 전체의 체질을 개선해야하고, 혈관을 넓혀 혈행을 개선시키는 것이 근원적인 치유다. 굵직한 혈류가 모이는 지점을 공략함으로써, 전체적인 체질을 개선하는 방식이 유효하기 때문이다. 마찬가지로 다중격차 전체를 관통하는 맥을 짚어내고 정책역량을 그 지점에 집중하는 접근이 필요하다. 경락(經絡) 접근법인 셈이다. 복합적 불평등구조인 다중격차에서 어디가 경락인지는 이미 몇몇 연구에서 제시해 왔다. 불평등을 억제하는 정책으로 앳킨슨은 기술, 고용, 사회보장, 자본공유, 과세 등 5가지 영역을 핵심 정책영역으로 제시했다(Atkinson 2015). 동일한 문제의식을 가지고 우리는 한국경제구조의 개혁을 위한 새로운 규칙으로 재벌개혁, 경제의 이중구조 해소, 완전고용을 위한 거시정책, 자산시장의 안정화, 안정된 노동시장 만들기와 노동의 교섭력 높이기, 경제적 안정을 보장하는 복지시스템 구축하기, 공정한 조세시스템 구축 등 7가지를 제시한 바 있다(전병유 외 2017).

셋째, 원초적 배분 상태는 경제정책과 사회정책이 교차되는 중요한 경락이다. 몸 전체에 흐르는 혈관을 넓히고, 혈류를 정화시킬 수 있는 정책의 핵심 중 핵심은 분배와 재분배 이전의 원초적 상태를 바로 잡는 것이다. 미국의 정책 씽크탱크인 〈정책 네트워크〉(Policy Network)의 핵커(Hacker 2011)는 "중간 계급 민주주의의 제도적 기반"이라는 짧은 에세이에서 국가는 조세와 급여에 의한 재분배를 통해 불평등을 완화하기 보다는 불평등의 진원지에서 불평등을 억제해야 한다고 주장하면서 경제권력의 공평한 배분을 촉진하는 시장개혁에 초점을 두는 "분배 이전의 분배영역"(pre-distribution)을 강조했다. 앳킨슨 역시 "시장권력의 균형"을 바로잡는 것을 불평등 해소를 위한 핵심적인 정책과제로 내세웠다(Atkinson 2015, 123~126).

시장권력의 불균형 상태를 바로 잡는 일은 표현만 다를 뿐이지 우리에게 낯설지 않은 과제인데, "경제민주화"가 바로 그것이다. 분배도 아니고 재분배는 더더욱 아니고, 분배와 재분배에 두루두루 물길이 닿는 수원지(水源池)를 맑고 깨끗하게 만들어야 한다. 공장에서 출고되는 차가 튼튼해야 정비소에 가는 일이 줄어드는 법이다. 지난 20여

년간 정비소는 조금씩 늘어난 것 같은데 공장은 비가 새는 곳이 많아졌다. 사회경제정책에서 허술해진 공장을 다시 세우는 일은 재분배 이전 단계인 1차 분배 영역에 집중할 필요가 있다. 이것이 아마도 다른 모든 것에 영향을 미치는, 혈관을 관통하는 혈맥주사일 것이다.

넷째, 경제정책과 사회정책의 관계를 다시 설정할 필요가 있다. 발전국가 시기에는 경제정책이 고도성장을 통해 사회정책의 수요를 상당부분 흡수했고, 사회정책은 그야말로 '잔여영역' 혹은 '잔여수단'에 머물렀다. 사회정책은 그나마 경제와 경제정책의 '뒤에서' 경제정책이 방출한 사회적 위험을 담보하거나, 취약계층을 사후적으로 쓸어 담는 역할을 떠안았다. 사회정책의 발전에도 불구하고 사회정책이 사회를 만들어 나가는 역할을 수행한다는 발상은 발견하기 어렵다. 그러므로 경제정책과 사회정책의 시간적 선후관계와 비중의 우열관계는 근본적으로 재고할 필요가 있다.

외국의 경우에도 경제정책과 사회정책은 상반된 것이 아니라 같은 방향으로 움직였다. 미국의 경우에도 의료보장, 사회보험 등 복지국가의 요소들은 생산성 향상 그 자체의 일부분이었다(Abramovitz, 1981). 영국에서도 베버리지가 1942년 보고서를 내놓을 때 거시경제정책과 사회정책은 같은 방향으로 움직였다(Atkinson 2015). 독일의 경우에도 전후 복지국가의 지침서가 된 "모두를 위한 복리"(Wohlstand für alle)는 사회적 시장경제의 구성요소였다. 이때 서구에서 형성된 복지국가는 시장의 힘을 제어하기 위해 조직된 권력을 사용하는 국가다(Briggs, 1961). 요컨대 경제와 복지, 경제정책과 사회정책은 상충되는 것이 아니라 병행하는 것이다. 경제정책과 사회정책의 병행발전은 아직까지 발전국가의 복지유산이 영향을 미치고 있는 한국에서는 견지되어야 할 복지국가 노선이다. 이유는 간단하다. 자본주의 황금시대의 고성장과 경제정책과 사회정책의 발전국가적 결합방식은 더 이상 유효하지 않게 되었고, 사회정책의 수요는 경제성장으로 소화되지 않는다. 보육, 교육, 의료와 같은 사회적 인프라는 경제정책과 사회정책의 선순환 고리를 형성할 수 있는 유망한 종목이 될 것이다.

마지막으로, 거버넌스와 관련된 문제다. 영국에서 이미 범영역 이슈에 대한 정책적 대응을 시도한 바 있다. 보수당정부로부터 정권교체에 성공한 신노동당 정부는 1997년에 부총리 산하에 사회적 배제팀(Social Exclusion Unit)을 신설했다. 사회적 배제란 "실업, 저숙련, 저소득, 열악한 주택, 범죄 환경, 건강, 가족해체 등 여러 영역이 서로 연결되어 받는 고통"이라고 규정되었는데, 이에 대처하기 위해 범부처 차원의 정책대응을 모색했다. 영국 내각은 범영역 접근(cross-cutting approach)이 필요한 경우로 ①전략적 정책결과를 달성하기 위해 다수부처가 관련되는 문제 또는 서로 상충적인 문제에 효과적으로 대응할 수 있도록 기획조정기구를 중심으로 하향식(top-down) 접근이 필요한 경우 ②다수 부처와 관련되는 정책결과의 혜택을 최적화할 경우 ③서로 상충되는 정책결과 간에 최선의 선택(trade-off)을 얻기 위한 경우 ④상호 보완적인 산출물과 서비스의 전달을 개선하기 위한 경우 ⑤서로 공유하고 있는 과업과 업무 프로세스의 집행을 개선하기 위한 경우 등을 꼽은 바 있다. 하지만 범부처 접근이 만병통치약은 아니고, 〈표9.1〉과 같은 비용과 편익을 따져 보아야 한다고 지적한다(U.K. Cabinet Office 2000, 15~16).

**〈표 8.1〉** 범정부적접근(cross-cutting approach)의 편익과 비용

| 편익 | 비용 |
|---|---|
| • 개별 부처의 목표에서 포착되지 않는 전략적 이슈(예: 사회적 배제)의 '큰 그림'을 전달하는 데 도움이 된다<br>• 시너지 효과를 실현하고 정책 및 서비스 전달의 효과를 극대화하는 데 도움이 된다<br>• 규모의 경제를 실현할 수 있다(예: IT 역량, 자료, 정보, 자산의 공유)<br>• 조직과 인력을 조합하여 협력을 통해 다른 영역에서 편익을 낳을 수 있다 (예: 마약에서 경찰과 주택공급 담당자의 협력)<br>• 고객을 명확히 규정하여 서비스의 품질과 고객친화성을 높일 수 있다<br>• 잠재적 갈등을 해결할 틀을 제공하여 갈등을 완화시킬 수 있다<br>• 특정 집단에 대한 서비스 전달을 개선할 수 있다 | • 정책과 서비스 전달의 책임소재가 불분명해질 수 있다<br>• 효과와 영향을 측정하기 매우 어렵다 (세밀한 효과측정 체계를 개발, 유지할 필요가 있기 때문)<br>• 관리상 직접 비용 및 기회 비용이 들어가고 업무수행의 틀(arrangements)을 세우고 유지하는데 시간이 들어간다<br>• 횡단 접근법과 구조를 도입하는 데 조직 비용 및 전환 비용이 들어간다 |

자료: U.K. Cabinet Office 2000

　　다중격차는 범영역 이슈이며 다수의 부처가 관련되지만 책임소재가 불분명한 위험을 안고 있다는 점에서 특별기구를 만들어 관리할 필요가 있을 것으로 판단된다. 국회와 관련 정부부처, 노동과 자본의 대표, 시민사회단체가 참여하는 새로운 사회적 대화 및 합의기구를 적극적으로 고려할 필요가 있다.

## 참고문헌

고세훈. 2007.『복지한국, 미래는 있는가: 이해관계자 복지의 모색』. 후마니타
스.

버먼, 셰리. 김유진 옮김. 2010.『정치가 우선한다』. 후마니타스.

슈트렉, 볼프강. 김희상 옮김. 2015.『시간벌기: 자본주의의 유예된 위기』. 돌
베게.

영, 아이리스 M. 2013.『정치적 책임에 관하여』. 후마니타스.

전병유·정준호·정세은·장지연. 2017.『한국경제의 새로운 규칙 만들기』. 책과
공간.

피케티, 토마. 장경덕 외 옮김. 2014.『21세기 자본』. 글항아리.

황규성. 2016. 다중격차: 다차원적 불평등에 관한 개념화 시론.『동향과 전망』.
97호.

Abramovitz, Moses 1981. "Welfare Quandaries and Productivity Concerns,"
*American Economic Review* 71.

Atkinson, A. B. *Inequality: What Can Be Done?*, Harvard University Press.
장경덕 옮김, 불평등을 넘어 : 정의를 위해 무엇을 할 것인가, 글항아리.

Briggs, Asa. 1961. "The welfare state in historical perspective". *European
Journal of Sociology*. 2(2). 221-258.

Chwalisz, Claudia and Diamond, Patrick. 2015. *The Predistribution
Agenda: Tackling Inequality and Supporting Sustainable Growth*.
London: Policy Network.

Colander, David & Roland Kupers. 2014. *Complexity and the Art of Public
Policy: Solving Society's Problems from the Bottom Up*. Princeton:
Princeton Univ. Press.

Conklin, Jeff. 2006 *Dialogue Mapping: Building Shared Understanding
of Wicked Problems*. West Sussex: John Wiley & Sons.

Galbraith, James K. 2014. *The End of Normal: the Great Crisis and the*

*Future of Growth.* New York: Simon & Schuster Paperbacks.

Hacker, Jacob. 2011. "The institutional foundations of middle-class democracy". Policy Network paper.

Héritier, Adrienne. 1993. "Policy-Analyse : Elemente der Kritik und Perspektiven der Neuorientierung". Héritier, Adrienne ed. *Policy-Analyse.* Oplanden: Westdeutscher Verlag. 9-36.

Hisschemöller, Matthijs and Rob Hoppe. 1995. "Coping with intractable controversies: the case for problem structuring in policy design and analysis", *Knowledge Technology Policy,* 8, pp.40-60.

Kitschelt, Herbert, et al. 1999. "Convergence and Divergence in Advanced Capitalist Democracies," Herbert Kitschelt, et al, eds. *Continuity and Change in Contemporary Capitalism,* Cambridge: Cambridge Univ. Press, 427-460.

McConnel, Allen. 2010. "Policy success, policy failure and grey areas in-between". *Journal of Public Policy,* 30(3), 345-362.

Mounk, Yascha. 2017. *The Age of Responsibility.* Cambridge: Harvard University Press.

Scott, James. 1998. *Seeing Like a State* ; 전상인 옮김. 국가처럼 보기 2010. 에코리브스.

U.K. Cabinet Office. 2000. *Wiring it up: Whitehall's Management of Cross-cutting Policies and Services.* London: Performance and Innovation Unit.

Woo-Cumings, Meredith ed. 1999. *The Developmental State.* Ithaca: Cornell University Press.

# 색인

# 표 및 글상자

## 그림 및 부도

## 필자소개

**전병유**(한신대학교 교수, 연구단장)
한국노동연구원에서 10년간 연구위원으로 활동한 바 있다. 노동경제학 전공으로 실업, 빈곤, 복지국가, 사회적 경제와 같은 사회정책과 노동시장정책이 주요 연구 분야다.

**정준호**(강원대학교 교수)
경제지리학 전공으로 주택시장에 대한 소득과 부의 불평등의 영향, 기업의 기술혁신 효과 등이 주요 관심분야다. 산업연구원 동향분석실장을 역임했다.

**정세은**(충남대학교 교수)
거시경제학 전공으로 소득분배개선에 기초한 성장모델과 그 성장모델의 중요한 수단인 재정정책을 관심분야로 삼고 있다.

**장지연**(한국노동연구원 선임연구위원)
사회학 전공으로 여성과 고령층 노동시장, 일과 삶의 균형, 그리고 소득불평등을 주요 연구 분야로 삼고 있다.

**신진욱**(중앙대학교 교수)
사회학 전공으로 중앙대학교 DAAD-독일유럽연구센터 소장을 맡고 있다. 민주주의, 시민사회, 사회운동, 사회불평등이 관심분야다.

**이철승**(시카고대학교 교수)
사회학 전공으로 현대자본주의경제에서 엘리트와 시민의 조직화와 동원이 분배와 국가정책에 어떤 영향을 주고 있는지가 연구관심사다. 미국사회학회지(AJS) 부편집장을 역임했다.

**김희삼**(광주과학기술원 교수)
경제학 전공으로 교육, 노동시장 불평등, 노후보장, 사회이동성과 사회자본이 관심분야다. 한국개발연구원에서 10년간 연구위원으로 활동했다.

**황규성**(한신대학교 연구교수)
정치학 전공으로 노동시장, 노사관계, 사회정책과 복지국가제도가 관심분야다.

**강병익**(한신대학교 연구교수)
정치학 전공으로 복지체제, 복지정치와 정당정치가 주요 연구 분야다.

## 한신대학교 공공정책연구소

한신대학교 공공정책연구소는 "다중격차의 재생산 구조와 사회정치적 의제화"와 "다중격차 시대의 사회적 균열과 정책 패러다임 전환"이라는 대주제로 한국의 불평등을 꾸준히 연구해 오고 있다. 세계 각국의 불평등에 관한 연구 프로젝트에 참여했으며, 2014년에는 옥스퍼드대학교 출판부에서 발간한 『Changing Inequalities and Societal Impacts in Rich Countries』의 한국 부분인 「Korea: The Great U-Turn in Inequality and the Need for Social Security Provisions」를 집필했다. 2016년 5년간의 불평등 연구 성과를 집약한 『다중격차, 한국 사회 불평등 구조』와 『한국의 불평등 2016』을 펴냈으며, 올해는 이 책, 다중격차 연구의 외연을 넓힌 『다중격차 II, 역사와 구조』와 더불어 한국 경제의 전반적인 개혁의제를 다룬 『한국 경제의 새로운 규칙 만들기』를 출간했다.